四特 教育系列丛书 SITEJIAOYUXILIECONGSHU

U0733510

把学校建设成 传播文化的阵地

萧枫　姜忠喆◎主编

特约主编：　庄文中　　龚 玲

主　　编：　萧 枫　　姜忠喆

编　　委：　孟迎红　郑晶华　李 菁　王晶晶　金 燕

　　　　　　刘立伟　李大宇　赵志艳　王 冲

　　　　　　王锦华　王淑萍　朱丽娟　刘 爽

　　　　　　陈元慧　王 平　张丽红　张 锐

　　　　　　侯秋燕　齐淑华　韩俊范　冯健男

　　　　　　张顺利　吴 姗　穆洪泽

　　　　　　左玉河　李书源　李长胜　温 超

　　　　　　范淑清　任 伟　张寄忠　高亚南

　　　　　　王钱理　李 彤

"四特"
教育系列丛书

吉林出版集团有限责任公司

图书在版编目（CIP）数据

　　把学校建设成传播文化的阵地／《"四特"教育系列丛书》编委会编著 . － － 长春：吉林出版集团有限责任公司，2012.4
　　（"四特"教育系列丛书／庄文中等主编 . 学校文化建设与文娱活动策划组织）
　　ISBN 978-7-5463-8654-6

　　I. ①把 …　II. ①四 …　III. ①中小学－校园文化－建设　IV.①G637

中国版本图书馆 CIP 数据核字（2012）第 044102 号

把学校建设成传播文化的阵地

出 版 人	孙建军
责任编辑	孟迎红
责任校对	赵　霞
开　　本	690mm × 960mm 1/16
字　　数	250 千字
印　　张	13
版　　次	2012 年 4 月第 1 版
印　　次	2018 年 2 月第 1 版第 2 次印刷
出　　版	吉林出版集团有限责任公司
发　　行	吉林音像出版社
	吉林北方卡通漫画有限责任公司
地　　址	长春市泰来街 1825 号
	邮 编：130062
电　　话	总编办：0431-86012906
	发行科：0431-86012770
印　　刷	北京龙跃印务有限公司

ISBN 978-7-5463-8654-6　　　　　　定价：39.80 元

前　言

　　学校教育是个人一生中所受教育最重要组成部分,个人在学校里接受计划性的指导,系统地学习文化知识、社会规范、道德准则和价值观念。学校教育从某种意义上讲,决定着个人社会化的水平和性质,是个体社会化的重要基地。知识经济时代要求社会尊师重教,学校教育越来越受重视,在社会中起到举足轻重的作用。

　　"四特教育系列丛书"以"特定对象、特别对待、特殊方法、特例分析"为宗旨,立足学校教育与管理,理论结合实践,集多位教育界专家、学者以及一线校长、老师们的教育成果与经验于一体,围绕困扰学校、领导、教师、学生的教育难题,集思广益,多方借鉴,力求全面彻底解决。

　　本辑为"四特教育系列丛书"之《学校文化建设与文娱活动策划组织》。

　　校园文化是学校本身形成和发展的物质文化和精神文化的总和。由于学校是教育人、培养人的社区,因而校园文化一般取其精神文化之含义。即学校共同成员在学校发展过程中,逐步形成的包括学校最高目标、价值观、校风、传统习惯、行为规范和规章制度在内的精神总和。

　　良好的校园文化环境是学生积极参与和悉心建设的结晶,也是实现素质教育、造就优秀人才的一个不可或缺的重要条件。因此,加强学校文化阵地的建设与组织活动策划是一项非常系统性的工程。学校文化阵地建设是学校文化的重要窗口,学校文化组织的策划则是学校实施素质教育和精神文明建设的重要组成部分,这两样都是学生成长成才的内在需要,更是推进学校教育工作的重要载体。

　　文化娱乐活动是文化体育娱乐活动的简称,其娱乐性、趣味性、知识性和多元化结合的特点是广大读者学习之外追求的一种健康生活情趣。

　　学校的文化娱乐活动项目包括音乐、美术、舞蹈、文学、语言、曲艺、戏剧、表演、游艺等多方面内容,广大青少年同学在课余时间通过参加多种形式的文化娱乐活动,能够达到开阔视野、陶冶情操、增长才智、提高能力、沟通人际、适应社会以及改善知识结构,掌握实用技能等效果。在这些文化娱乐活动中,他们通过接受不同形式、不同内容的有益教育,能够受到潜移默化的作用,从而达到提高思想、文化和身体的综合素质,这对造就和培养有理想、有道德、有纪律、有文化、适应时代腾飞的新一代人才有着十分重要的作用。

　　为了适应青少年发展的需要,营造良好的校园文化环境,为校园文化娱乐活动的组织策划提供良好的指导,我们特地编辑了这套书从学校的实际情况出发,以育人为根本目标,坚持先进文化的方向,从音乐、绘画、表演、游艺等方面重点对学生的基础知识和操作能力进行训练,努力使他们在娱乐中学到知识,在欢笑中陶冶情趣,并通过系统的训练和比赛,使他们的智力得到开发、知识结构得到改善,最终达到新课标要求的培养高素质的合格人才的目标。

　　本辑共20分册,具体内容如下:

　　1.《学校文化建设与管理创新》

　　校园文化重在建设,它包括物质文化建设、精神文化建设和制度文化建设,这三个方面建设的全面、协调的发展,将为学校树立起完整的文化形象。加强学校文化阵地的建设与组织活动策划是一项非常系统性的工程。本书对学校文化建设的组织管理与创新策划进行了系统而深入的阐述,体例科学,内容全面,具有很强的系统性、实用性、实践性和指导性。

2.《把图书馆打造成传播知识的圣地》

加强学校图书馆建设,对激发学生学习的积极性以及提高学生的整体素质有着重要的作用与意义。本书对学校图书馆的建设与管理进行了系统而深入的阐述,体例科学,内容全面,具有很强的系统性、实用性、实践性和指导性。

3.《环境与安全文化建设》

校园安全文化是校园文化的重要组成部分,学校安全文化建设水平的高低已成为学校核心竞争力的基本内容之一。所谓校园安全文化是指将学校安全理念和安全价值观表现在决策和管理者的态度及行为中,落实在学校的管理制度中,将安全管理融入学校整个管理的实践中,将安全法规、制度落实在决策者、管理者和师生的行为方式中,将安全标准落实在教育教学过程中,由此构成一个良好的安全建设氛围,通过安全文化建设,影响学校各级管理人员和师生的安全自觉性,以文化的力量保障学校财产安全和师生人身安全。学校安全文化有四个层次。即:安全观念文化、安全行为文化、安全制度文化和安全物质文化。它们相互作用,相互促进。

4.《把学校建设成传播文化的阵地》

作为中国特色社会主义文化阵地重要组成部分的学校,在中华文化面临挑战和发展的机遇之际,应该承担时代赋予的使命,通过教育创新,传承文明,创造先进文化,培养和谐发展的高素质创新人才来促进社会的发展,实现中华民族的伟大复兴。本书对学校文化阵地的建设与管理进行了系统而深入的阐述,体例科学,内容全面,具有很强的系统性、实用性、实践性和指导性。

5.《知识类活动组织策划》

文化知识类活动课是一门全新的课程,就其根本意义来说是为了提高学生的素质,而要做到这一点,必须对文化知识类活动课加强有效的科学的管理。尽管各科活动课教学目标是有弹性、较为宽泛的,但总的教育目标应十分明确,那就是有利于学生主体精神的体现;有利于对学生的分析问题和解决问题的能力培养;有利于活动成功学生的自我认识;有利于学生个性的发展,管理工作不能偏离这一目标。本书对学校知识类活动的组织策划进行了系统而深入的阐述,体例科学,内容全面,具有很强的系统性、实用性、实践性和指导性。

6.《科普活动组织策划》

科技教育是拓展学生知识面的重要平台,是培养学生自主创新的首要手段,在学生成长过程中已显现出越来越大的不可替代的作用,而学校重视科技教育,则可以让学校的重视学生全面发展的教师和学生在校园里都能有自己的发展空间。如果能够切实的从以上各个环节落实科学实践活动的开展,就可以在全校掀起一股学科学、做科学、用科学的热潮,使学生科学素养得到普遍提高,在落实了普及科学的目标的同时也提升了学校科学教育的质量。本书对学校科普活动的组织策划进行了系统而深入的阐述,体例科学,内容全面,具有很强的系统性、实用性、实践性和指导性。

7.《收藏活动组织策划》

中国文化艺术几千年源远流长的历史,也凝聚着文艺收藏的风云沧桑。社会文明的整体进步,在促进文艺创作繁荣的同时,也推动文艺收藏的蓬勃发展。收藏可以陶冶情操、修身养性,它要求收藏者具备理性的经济头脑的同时,还要有很好的艺术的修养。收藏者在收藏的过程中,潜移默化地将自己培养成理性和感性结合得相当和谐的现代人。本书对学校收藏活动的组织策划进行了系统而深入的阐述,体例科学,内容全面,具有很强的系统性、实用性、实践性和指导性。

8.《联欢庆祝活动组织策划》

联欢活动是指单位内部或单位之间组织的联谊性质的文娱活动。通常是为了共同庆贺某一重大事件,或者在某一节日、某一重大活动完毕之后举行。联欢活动一般以聚会的形式进行,所以又称联欢晚会。本书对学校联欢活动的组织策划进行了系统而深入的阐述,体例科学,内容全面,具有很强的系统性、实用性、实践性和指导性。

9.《行为文化活动组织策划》

行为文化是指人们在生活、工作之中所贡献的、有价值的,促进文明、文化以及人类社会发展的经验及创造性活动。本书对学校行为文化活动的组织策划进行了系统而深入的阐述,体例科学,内容全面,具有很强的系统性、实用性、实践性和指导性。

10.《文娱演出活动组织策划》

演出是指演出单位或个人在特定的时间特定的环境下所举办的文艺表演活动。由于演出经过长期的发展与各地的差异,目前主要包括电影展演、音乐剧、实景演出、演唱会、音乐会、话剧、歌舞剧、戏曲、综艺、魔术、马戏、舞蹈、民间戏剧、民俗文化等种类。本书对学校娱乐体育活动的组织策划进行了系统而深入的阐述,体例科学,内容全面,具有很强的系统性、实用性、实践性和指导性。

11.《音乐项目活动组织策划》

音乐是一种抒发感情、寄托感情的艺术,它以生动活泼的感性形式,表现高尚的审美理想,审美观念和审美情趣。音乐在给人以美的享受的同时,能提高人的审美能力,净化人们的灵魂,陶冶情操,提高审美情趣,树立崇高的理想。本书对学校音乐项目活动的组织策划进行了系统而深入的阐述,体例科学,内容全面,具有很强的系统性、实用性、实践性和指导性。

12.《美术项目活动组织策划》

美术作为美育的主要手段的途径,它的主要任务不仅仅是传授美术知识,也不仅仅是美术技能的训练,而是通过学生内心达到审美状态,良好心理得到培养和发展,不良心理受到疗治和矫正,使各种心理功能趋于和谐,各种潜能协调发展,最后达到提高人的生存价值,体验与实现美好人生的目的。本书对学校美术项目活动的组织策划进行了系统而深入的阐述,体例科学,内容全面,具有很强的系统性、实用性、实践性和指导性。

13.《舞蹈项目活动组织策划》

舞蹈能够促进少年儿童的生长发育,改善少年儿童的形体,带来艺术气质和形体美,有利于提高少年儿童的生理机能,提高少年儿童的身体素质,促进少年儿童的心理健康发展,还能够培养少年儿童的人格魅力。本书对学校舞蹈项目活动的组织策划进行了系统而深入的阐述,体例科学,内容全面,具有很强的系统性、实用性、实践性和指导性。

14.《器乐项目活动组织策划》

贝多芬曾说:"音乐能使人类的精神爆发出火花。音乐比一切智慧、哲学有更高的启示。"作为素质教育的民乐教学,更突出将学生的全面发展放在首要的地位,使之形成具有显著办校特色的办学指导思想,为学校的全面发展做出了贡献,取得了满意的效果。本书对学校器乐项目活动的组织策划进行了系统而深入的阐述,体例科学,内容全面,具有很强的系统性、实用性、实践性和指导性。

15.《语言项目活动组织策划》

加强学校文化阵地的建设与组织活动策划是一项非常系统性的工程。学校文化阵地建设是学校文化的重要窗口,学校文化组织的策划则是学校实施素质教育和精神文明建设的重要组成部分。本书对学校语言项目活动的组织策划进行了系统而深入的阐述,体例科学,内容全面,具有很强的系统性、实用性、实践性和指导性。

16.《曲艺项目活动组织策划》

曲艺是中华民族各种"说唱艺术"的统称,它是由民间口头文学和歌唱艺术经过长期发展演变形成的一种独特的艺术形式。曲艺演员必须具备坚实的说功、唱功、做功和高超的摹仿力,演员只有具备了这些技巧,才能将人物形象刻划得维妙维肖,使事件的叙述引人入胜,从而博得听众的欣赏。本书对学校曲艺项目活动的组织策划进行了系统而深入的阐述,体例科学,内容全面,具有很强的系统性、实用性、实践性和指导性。

17.《戏剧项目活动组织策划》

戏剧的表演形式多种多样,常见的包括话剧、歌剧、舞剧、音乐剧、木偶戏等,是由演员扮演角色在舞台上当众表演故事情节的一种综合艺术。戏剧情节、歌唱和舞蹈这三者的复杂结合,使中国戏曲具有独特的风格和一系列艺术上的特点。本书对学校戏剧项目活动的组织策划进行了系统而深入的阐述,体例科学,内容全面,具有很强的系统性、实用性、实践性和指导性。

18.《表演项目活动组织策划》

表演指演奏乐曲、上演剧本、朗诵诗词等直接或者借助技术设备以声音、表情、动作公开再现作品。加强学校文化阵地的建设与组织活动策划是一项非常系统性的工程。本书对学校表演项目活动的组织策划进行了系统而深入的阐述,体例科学,内容全面,具有很强的系统性、实用性、实践性和指导性。

19.《棋牌项目活动组织策划》

棋牌是对棋类和牌类娱乐项目的总称,包括中国象棋、围棋、国际象棋、蒙古象棋、五子棋、跳棋、国际跳棋(已列入首届世界智力运动会项目)、军棋、桥牌、扑克、麻将等等诸多传统或新兴娱乐项目。棋牌是十分有趣味的娱乐活动,但不可过度沉迷于其中。本书对学校棋牌项目活动的组织策划进行了系统而深入的阐述,体例科学,内容全面,具有很强的系统性、实用性、实践性和指导性。

20.《游艺项目活动组织策划》

游艺是一种闲暇适意的生活调剂。其中既有节令性游乐活动,也有充满竞技色彩的对抗性活动,更多的则是不受时间、地点、条件制约的随意方便的自娱自乐活动。其中有的继承性极强,规则较严格;有的则是无拘无束的即兴自娱;有的干脆是一种与生产紧密结合的小型采集和捕捉活动。这些丰富多彩的民间游艺活动使得广大劳动人民特别是青少年无论在精神生活、智力开发还是身体素质诸方面得到有益的充实和锻炼,也成为最普及的农村文化活动形式。本书对学校游艺项目活动的组织策划进行了系统而深入的阐述,体例科学,内容全面,具有很强的系统性、实用性、实践性和指导性。

由于时间、经验的关系,本书在编写等方面,必定存在不足和错误之处,衷心希望各界读者、一线教师及教育界人士批评指正。

编者

目　录

第一章

学校黑板报与墙报的建设

1. 学校办板报和墙报的步骤

办板报和墙报的工具材料

办黑板报和墙报常见的工具有直尺、三角板、圆规（教学用量角器、黑板刷、水桶、抹布、粉盒，长约 6M 的样线，彩色粉笔等。）

办板报和墙报的注意事项

（1）文字的字数一定要事先计算好，学习一些可有可无的学习删去，以达到文字能够完整且美观地"放"到设计版块内。

（2）标题最好单列出来，且不一定放在段首，可置于段中或侧面或图案之中，会更吸引人注意。

（3）要先画图形，后书写出文字，这样可调整文字的段落，随图案的变化而变化，避免形成空缺或文字被部分图案盖掉。

（4）由于刊头是板报的主题。要设计得十分醒目，且要大于其他图案和花边：选取也应与环境色彩有区别。

（5）版块之间的划分，不一定全用直线或曲线来分隔，选用一些有趣的花边分隔也是一种好方法。

办板报和墙报的步骤

（1）先在草稿纸上构思，设计出板报的刊头、版式、标题和文字。

（2）到黑板前用黑板刷刷去上期板报的文字及粉尘，然后用湿抹布擦净黑板。

（3）依设计的版式，概括地勾出各版块。

（4）用直尺或粉线在各版块打格子，注意横竖结合。

（5）画上刊头报花，再填写标题的文字。

（6）完善板面，对不满意的地方做一些修改，做到尽善尽美。

粉笔的使用方法

如何使用粉笔十分重要，下面介绍几种方法供小朋友们参考。

（1）反复旋转笔头可以使笔保持尖细，这样使画上去的形象更确切，更害出冲击力强。

（2）许多小朋友为画有立体感的物体而烦恼，这里有一个小窍门告诉大家，平躺笔身，使用力度随所需颜色深浅而变，或者根据粉笔本身颜色的深浅差别而选用不同颜色亦可达到目的。

色彩搭配的要领

（1）感情色彩，对其的研究，这里就不解释细介绍了，但作为一名办报者，如果对色彩的选取与主题不符，办出板报就不协调了。

（2）色彩对比，在确立了大体色彩后，小面积地使用一些临近色或补色等对半高画面有一定的补充作用。

（3）交叉使用，同一色彩在不同的区域反复使用，同样也能达到丰富画面的使用。

（4）一幅板报最好选用四至八个颜色搭配，这样板报色彩才显得丰富，太少就显得单调，太多又显得凌乱。

（5）如果你的粉笔盒的色彩不够，可以用其他色来调。

2. 学校板报和墙报稿件的写作

黑板报和墙报稿要尽量做到口语化，首先是不要写长句子，不要在一个名词前头加上很长的修饰语，不要乱用"面对"、"通过"之类的形容词，把句子弄得很复杂，使人看到后头，忘了前头。其次是不要用一些别人看不懂的形容词和比喻，如"他那红扑扑的脸膛上充满着对党的事业的忠诚"、"他有一颗太阳般温暖的心"之类的话。再次，不要滥用现成语，如"坚持战斗"、"苦干巧干"，要选择师生喜闻乐见，能够理解接受的词汇。把黑板报稿写通俗，这是一个态度问题，有的同学写黑板报稿有一种不正确的思想，总觉得这是在写文章，要有"文章气派"才好，不替群众着想，这样就会失去读者。

写黑板报稿要用事实说话，要善于抓住事实中最精彩、最有教育意义的部分来写，叙述事实的时候要详略得当，在事实的基础上，可以适当加一些议论和抒情，以深化文章的主题。黑板报文学不论属于哪一种体裁（记叙、议论或其他），都应当写得短小精悍，一般不要超过四五百字，二三百字为最好，让读者能在两三分钟内看完一篇，在特殊情况下，也可以稍长一点，但仍以千字以内为宜。怎样使文字短小精悍？

抓住要害，突出重点

重点最能显示事物的本质部分，突出重点才能有效地发挥黑板报的宣传作用。由于黑板报是本单位群众性的报刊，读者对它所报道的事情和所论述的问题大致熟悉，不必像普通报刊那样有时要把事情说得比较全面。在记叙性质的文字中，写读者最关心，最能突出中心意思的东西。在议论文中，有时不一定要展开论证，如针对某一个现象或问题可直截了当地提出自己的观点和主张，如果需要展开论证，则应注意针对性，并紧扣中心意思，不扩大论述范围，有时所用的论据应当是最突出、最有说服力的，引证也要力求简洁、恰当。

竭力删掉多余的字句

所谓多余的字句，不仅包括重复字句，也包括可有可无的字句。一句话能够说明白的，就不要说上两句，可以合并起来的，要尽量合并；不必要的关联词语、修饰语等等，最好删去，要努力做到不说废话和长话短说。

3. 板报和墙报版面的总体要求

黑板报和墙报版面安排的总体要求是：突出主题，主次有致，生动活泼，和谐统一。即是说，在突出主题的前提下，整个版面既要有变化，又要有统一，这样才符合形式美和总规律的要求，才能使黑板报版面产生美感，吸引观者注意，达到宣传、教育和丰富生活的目的。值得一提的是，版面设计的布局合理，经营位置恰当，本身就是很好的装饰，就能达到吸引阅读者的注意力，提高阅读兴趣。当然，版面安排杂乱无章，就会使人不得要领，兴趣索然。

怎样来实施合理安排版面这一方案呢？

首先，在安排版面之前，要熟悉一下稿件的全部内容，在脑子里形成一个完整的印象，以利于考虑版面的总体规划。这就要求对不同内容的文章进行分类，一般说来，每期黑板报都有一个总主题，属于"论述"、"评论"、"纪念"性的文章，宜编排在显要位置，"散文"、"游记"、"诗歌"、"通讯"一类文章可以活泼一些，做到版面有中心，有侧重。所有文稿都必须依此划分轻重、缓急，重要的放在突出显眼的位置上，其他内容按版面的具体设计内容酌情安排。例如办一期"文艺园地"，就必须把有关文学、艺术的文稿放在

突出显眼的地方，与此无关，或关系不大的文章，无论文采怎样好，也只能以版面的设计需要为准放在恰当的位置，不能喧宾夺主。

什么是黑板报和墙报最突出显眼的地方呢？

一般说来，黑板报和墙报最突出显眼的地方在黑板报的报头附近。因此，与主题相关内容的文章就应当放在报头附近较好。所谓"报头"，就是人们常说的刊头，主要起美化黑板报的作用，由图案和文字组成，相当于书本的封面。从视觉上讲，黑板报的报头是整个板报版面最美、最能吸引人地方，阅读者无论处在何种位置，只要看到黑板报，那么首先感受到的必定是报头特有的艺术感染，阅读者必然对报头高度注意，这样，报头附近的文章也就在观者的艺术享受中先入为主了，办报的目的也就使阅读者一目了然了。

熟悉了稿件全部内容之后，就应打腹稿，然后再用"摆豆腐块"的方法揣摸各部分的位置。

4. 黑板报和墙报版面安排的原则

（1）黑板报和墙报四周要注意留出一定的空隙，不能紧贴四边；

（2）刊头应放在左上角、右上角、左右侧或中间，不能放在黑板报和墙报的下边；

（3）标题标语、口号的摆放以起到通览整体的作用为宜，但要注意不应干扰主要内容。标题要岔开，排列要有变化，有横有竖，这样版面就比较活泼；

（4）一篇稿子所占面积的大小，字的大小，横写或竖写，行距和字距等都是决定版面安排好坏的组成因素，同时还要注意文章之间要留间隔，不要靠得太近。如果有可能，最好能用尺子测算出大概的规范依据，并设计勾画出小样（版面设计草稿）；

（5）由于黑板报和墙报不可能像报刊那样精确排版印刷，文章在抄写过程中也许会出现挤不下的情况，也可能出现"空地"，这就要用删减文字的办法解决挤不下的矛盾，用增添插图、题图、尾花待的手段补充空白；

在黑板报和墙报的装饰过程中，报头、题头、插图、尾花、花边要摆放适当，不要挤得太满，四周也要留有一定的空间，给人以轻松悦目的美感。若安排太松，便会使人觉得千疮百孔，零乱不整。黑板报和墙报每行文字不应太长，每行文字太长不便于阅读，同时也影响版面的美观。同时，在黑板报和墙报版面设计中还应注意题头，插图，尾花，花边不宜用量太多，否则就会给人以眼花缭乱的感觉，影响对主题的渲染。

另外，黑板报和墙报还可以分成若干栏目，把同类型的文章和专题性文章放在一起。例如"时事专栏"，"新人新事"，"文体活动"，"学习交流"，"科技园地"等等。这样做会使层次分明，条理清楚，正确地处理好变化与统一的辩证关系。

5. 黑板报和墙报刊头的设计

刊头是黑板报和墙报的主题，亦是黑板报和墙报的灵魂与统帅，对黑板报和墙报能否成功起着举足轻重的作用，所以在进行刊头设计时，要先考虑的是反映出该板报的主题，摆放的位置是最显眼的位置，同时要注意与题范及内容的呼应与协调。

刊头文字设计

刊头文字是刊头的中心，也是黑板报和墙报的"重中之重"，所以，刊头文字内容，务必精简，能概括地反映出板报和墙报的主题，文字字体，最好设计为一些美观的美术字，或根据画面需要，适当改变字形、大小及笔画，以及利用一些点、线、块来构成笔画等。

刊头图片设计

图片内容最好为一些抽象化的人物、道具、场景等，并配合文字构成整个刊头，在色彩搭配上尽量让二者保持既统一又有对比的关系，比如：红与蓝，蓝与绿等等。

报花的选用与设计

（1）一般与喜庆有关的板报选用花朵、烟白花，气球等报花。

（2）春节、元旦的板报选用生肖、花条、烟花、气球等报花。

（3）体育运动的板报选用人物、球类等报花。

（4）科技、学习的板报选用雷达、火箭、书等报花。

如何选取板报字体

（1）表现军训、体育等话题一般选用刚毅有力的字体，如黑体、综艺等字体。

（2）表现女性、节日等话题，一般选用、圆润的字体，如琥珀、圆体等字体。

（3）表现儿童、学习的话题，一般选用较为活泼的字体、如花辩等字体。

6. 板报和墙报标题的编排

黑板报和墙报的标题和编排搞得好，可以增强黑板报的吸引力。标题一定要新颖，醒目。拟出一个好的标题，并不是一件容易的事，光看稿件的内容是不够的，还要很好地研究群众的心理。一期黑板报总共有几篇文章，要把几篇文章的标题放在一起研究，几个标题放在一起要和谐，同时又要看到这期黑板报的中心。黑板报的编排首先要考虑整体感，文字、插图、花边都要配合得当，恰到好处。每期的重头文章应放显著位置以引起读者的注意，映衬的文章安排也要有层次。节日的黑板报可增添喜庆的气氛。黑板报的色泽要明朗美观，让群众赏心悦目。

7. 板报和墙报的装饰美化

版面设计

版面设计是办好黑板报墙报的首要环节，它的好坏直接影响到它们的整体效果。因此，在出报之前，要画一个按黑板报和墙报比例缩小了的小样。先确定大标题，刊头的位置，然后安排文章；把主要文章放在突出位置，长文章与短文章交错安排，抄写方式横竖结合，文章的小标题也要安排得当。版面要避免零乱呆板，要给人以生动活泼、清新明快、美观的感觉。然后按照所设计的小样安排版面。

刊头和插图

刊头和插图是版报和墙报的组成部分，如果没有刊头插图，只是通篇的文字，就会让人感到枯燥乏味。因此，刊头和插图在黑板报的装饰和美化中起着很重要的作用。但是，如果只为了美化而随意选用刊头也不会收到好的效果。所以，要结合内容选择合适的刊头，并根据文章配画不同形式的插图，求得整体统一。做到文图相符，一目了然。

刊头和插图的形式也是多样的，如圆形、方形、菱形、扇面形等几何图案，或人物、山水、花卉等。绘制的方法也不是固定不变的，可用线条表现，用色块表现，也可用线条与色块相结合来表现。但都应注意画面效果，力求突出主题。

花边图案

装饰性好、版面活泼的黑板报和墙报，不但刊头要美观，文字要清秀，而且花边也得能起到美化整体的作用。

在绘制花边时，要根据版面的具体情况，画得美观大方，不要过于繁琐，否则会喧宾夺主，破坏黑板报的整体效果。

花边的绘制大多采用二方连续的形式。什么叫二方连续呢？就是由左右两方或上下两方，用一个单位纹样连接起来，成为一条可以无限延长的花边。这种形式叫做二方连续纹样。

美术字的设计

美术字醒目美观，整齐清楚，在黑板报墙报中应用很广泛。

美术字形式很多，风格各异。随着字体的结构、笔划的变化，使它产生出庄重严肃、奔放磅礴、结实严谨、刚劲有力、轻松活泼、潇洒秀丽的不同效果，常被应用在各种场合以加强美感。

（1）美术字的基本规律。

美术字千变万化，但总结起来只有三种，即：宋体、黑体和变体，宋体又可分为老宋体和仿宋体。初学美术字的人，写起来总觉得无从下手，但只要细心观察就会发现，这三种美术字都有一个基本规律，只要掌握了这个规律，学起来就快多了。

老宋体美术字老宋体端庄大方，笔划优美。它的特点是：横细竖粗；横划的收笔处和"刁"的转折处有一明显的顿角，点是上尖下圆。虽然横是细的，但在写"L"和"L"的横划时，要写成粗的。"J"和"I"的起笔处也有一个顿角。"口"字的上下要出头。

仿宋体美术字仿宋体字挺直秀丽，书写方便。其特点是：字体成长方形，笔划较细，起笔，收笔处都有较明显的顿角，横划稍向右上方倾斜。这种字体常被用在展览会的说明、标牌等处，所以，书写时不宜太大。

黑体美术字黑体字粗壮有力，严肃雄健。特点是：笔划较粗，而且相等，点、撇、勾略带弧形，笔划的两端略微加宽。这种字是标语、标题较理想的字体。

变体美术字在日常生活中，常常可以看到一些与上述三种字体不太相同的带有特殊风格的美术字。如：装饰美术字、形象美术字、立体美术字和自由体美术字等等，这些字都属于变体美术字。但万变不离其宗，它们都是由宋体和黑体变化而来的，其特点就是：装饰、变形、夸张。目的是使字体活泼、美观、新颖、多样，采用不同的形式就会产生不同的艺术效果。

（2）书写美术字的几个步骤。

对于初学美术字的儿童来说，要写出较满意的字，可参考下列步骤进行。

打格之前要事先根据内容来决定字体及比例，然后按照设想用铅笔轻轻打出所需的方格。

　　骨架在打好的格内，用单线勾出字的草稿，这一步比较重要，因为它直接影响笔划部位是否匀称，所以要细心安排。

　　勾边按照定好的骨架和需用的字体勾出字形，这需要严格注意笔划的粗细规律。

　　上色在勾画出的字形上，借助于直线笔、直尺及曲线尺，用所需颜色勾出确定的轮廓，这是决定字形的关键，然后用毛笔填色。

　　修整在书写的过程中，常会出现局部锯齿状等现象，所以要用白颜色进行修整，直至满意为止，最后用橡皮擦去铅笔线。

　　如：橙色粉笔没有了，我们可以用红色粉笔画一遍，然后轻轻地在上面涂上一层黄色的粉笔灰，再揉搓一下就能达到你想要的橙色。

第二章

学校广播站的建设指导

1. 学校广播的特点

广播既不像板报那样能够用美观新颖的版面来吸引读者，又不像讲演者那样能用表情和手势来加强表达的力量；它唯一的手段就是有声的语言。

广播的两个显著特点

（1）必须充分发挥有声语言的感染作用，广播者可以利用广播，凭借合适的声调、鲜明的节奏和充沛的感情去打动听众，支配听众的情绪，把听众的注意力吸引到自己方面来。

（2）必须保证听众思路的贯通，有声语言是稍纵即逝的，如果某句话、某个词语听众不懂或听不清，就会造成听众思路中的"空白段"，影响听众的情绪，特别是在关键的地方，如果出现了这种情况，对宣传的效果就十分不利。

广播稿的写作要求

广播稿要写得上口入耳，明白如话。

（1）上口，就是念起来顺嘴；

（2）入耳，就是听起来顺耳，要用普普通通的话来写作，要合乎人们的语言习惯。

此外，还应合理地安排语句的节奏，语调和逻辑重音，要改掉那些佶屈聱牙的语句。广播稿的内容大多是报道本单位的动态新闻（包括综合性评述），也可以谈体会，说故事，讲常识，内容应是丰富多彩。广播稿的字数一般不宜过长，以二三百字至六七百字为好，多则一两千字，长了容易使听众感到厌烦。

2. 校园广播站的建设

校园广播站的建设影响深、任务重，需要在实践中不断完善。如何完善校园广播站的建设，充分发挥其特定的功能，我可以着重从三个方面入手：

明确广播站建设发展的指导思想和特定功能

许多同学对广播站的指导思想、功能的认识是模糊的、肤浅的，甚至是错误的。应该在平时的广播中，用多种方式，使同学们明确广播站的指导思想是为了适应教育发展的趋势，满足教育改革、校园文化建设和学生成长成才的需要，明确校园广播站三大功能：

（1）德育功能。

校园广播站作为学校的宣传机构，必须首先遵循学校的指导思想，办学方针，做好学校的喉舌，把握好舆论的导向，才能有效地协助德育部门开展教育。

第一版块是新闻节目，包括早间新闻联播、《一周新闻回顾》，使同学们了解国内外重要时事，进而关心国家大事，激发爱国热情。

第二版块是文学天地，包括《校园文摘》、《精文阁》、《好书解码》，目的是激发同学业们的学习热情。

第三版块是心理教育，包括《心灵窗口》、《校园闪光点》、《为人处世》，引导同学们增强心理素质，学会做人。

第四版块是知识窗，包括《海外校园》、《快乐之旅》、《名人逸事》、《生活小常识》、《生活时尚》，目的是增长同学们的见闻。

第五版块是自我天地，包括《青苹果剧场》、《圆梦天地》，目的是使同学们学会创造。通过这些形式多样的节目，发展同学们的爱好兴趣，潜移默化地教育学生爱国守法、明礼诚信、勤俭自强、敬业奉

献、团结友爱，使他们学会做人、学会求知、学会生活、学会创造。

（2）促学功能。

广播站的工作岗位，是促进学生成长进步的阵地。广播员是经过考试、面试而脱颖而出的具有一定广播能力的同学，但是要连续被录用，他们必须不断完善自己、充实自己，丰富自己，增强自己的口头表达能力、普通话水平、写作能力、思维能力。

广播站的节目覆盖了学生生活的方方面面，知识性强，各种形式的节目引导同学们积极投稿，促使同学们博览群书，勤于动笔，开阔了他们的视野，丰富了他们的知识，调动了他们的学习积极性，很多同学也由此成长起来了。

（3）服务功能。

广播站负责播放广播体操和眼保健操的口令；传递学校的通知以及学生会各部门的会议通知；通过播放一些轻松愉快的乐曲，使广大师生在紧张的教学之余得到放松；为广大师生传情达意、加强沟通等等，都体现了广播站的服务功能。

以上三个功能，德育功能是最重要的。学生明确了广播站的各项功能，以及这些功能的主次位置，有利于全体同学正确认识广播站，并充分利用这个阵地，自觉锻炼成长。

制定有针对性和前瞻性的工作制度

经过全体广播员的讨论、研究，并总结近年广播站工作的实际情况，我们制定了《冈州中学广播站工作条例》，主要的内容是把广播站日常的工作原则、纪律、方法等以书面的形式确定下来，使全体师生对广播站的工作有了总体的认识，包括：

（1）招聘制度。

为了保证学校广播站的播音质量，要求广播员必须具备良好的素质。因此，对凡是报名当广播员的同学进行严格的考试，主要是口试，

由语文科组协助考查他们的普通话水平、口头表达能力、应变能力等。

招聘的时间一般在新学年的第一学期中段考试前后。能够通过口试的同学名额一般为 *15* 个，试用期为一个月，一个月后择优录用 *10* 个同学为正式广播员，任期为一年，一年之后，按照广播员在思想品德、工作作风、学习情况、工作实效等决定是否对其续聘。对于思想落后、作风散漫的广播员，进行"下岗"处理。由民主选举、参考指导老师，各班主任的意见产生两名站长，负责日常的管理工作。这样，可以激励同学们不断学习，树立责任感，主动开展工作。

（2）日常播音制度。

校广播站每天开播四次，分别是早上 *6:45—7:10*，*11:20—11:45*，中午 *1:45—2:15*，下午 *5:05—5:35*。广播员要做到：认真做好备播工作，依时值日，不做其他与广播无关的事、采用普通话播音，值日的广播员当天要搞好广播室的清洁卫生，保管好学校的广播器材等。

（3）例会制度。

广播站每个星期召开两三次会议。星期三早读时间为学习会议，主要是学习普通话、广播技巧、朗读等，由每个广播员轮流辅导。星期五早读时间召开工作会议，总结一周以来的工作情况，指出值得提倡的或做得不够的地方，讨论改善的方法，发表个人的意见等。例会制度是提高广播员的业务素质，广播员进行自治、自理、自我完善的有效途径。

（4）评优制度。

为了充分调动广播员的积极性，在每一个学期都进行评选优秀广播员并由学校予以表彰，鼓励。优秀广播员名额一般为 *4* 名，评选的条件是根据广播员的工作表现，思想表现、学习表现等。这项制度在一定程度上激励、鞭策着同学们不断进取。

精心指导、加强对广播员的思想教育

指导老师要适时在例会上或通过个别谈话等方式引导和鼓励他们，

使广播员正确认识自己存在的不足，扬长避短，尽量做到全面发展，在广大同学中起良好的示范作用，以达到以点带面的教育目的，保证良好的广播质量。播放一些健康、上进的歌曲，大胆、放手让学生进行自我管理，在广播站中形成一种民主、平等、团结、务实的良好氛围。

广播站的工作千头万绪，需要不断完善、不断改进。今后发展的思路是：

（1）改进硬件设施。目前学校要想收到更好的效果，必须积极创造条件改善硬件设施，只有优良的设备，才能令更多的同学关注广播站，使学校的宣传深入人心。

（2）加强广播员的素质培养。

在广播员的培训上要不断增加广度和深度；每学期至少举行一次大型的活动，如与外校广播站进行工作经验交流，组织参观访问电台、电视台，组织普通话比赛、朗诵比赛等。一支优秀的广播员队伍构成了校园广播站的"软件"，具备了良好的硬件和软件，广播站的面貌才会永葆活力。

（3）适时调整节目，继续完善学校喉舌的功能，保持一贯地支持、协助学校的德育工作。

实践证明，中学校园广播站在我校学生社团工作中扮演越来越重要的角色，在学生生活中也占据了越来越重要的位置，日益成为德育部门进行宣传教育、发挥学生主观能动性的有效的载体。在今后的工作中，我们还要继续不断地摸索，借鉴先进的管理模式，把严格要求和大胆放手紧密地结合起来，不断促进我校广播站的健康发展。

3. 学校广播的新闻写作

新闻的种类及特点

狭义的新闻又称"消息",有关词典为它下的定义是:最广泛使用的一种新闻体裁。在形式上,它有明确的导语和标题;在写法上,通常采用倒叙法,先用极简要的几句话说明全文的目的或结论,以唤起读者的注意,使读者脑子里先得到一个总概念,不得不继续看下去。

(1)新闻的种类。

新闻的分类有不同的标准。按其性质分,有政治新闻、经济新闻、科技新闻、军事新闻、社会新闻等;按发生地区和范围分,有国际新闻、国内新闻、校内新闻等;按内容和形式则可分为动态、综合、典型新闻等。我们根据一般的方法,将新闻分为以下几类:

①动态新闻。这是报纸、通讯社、电视台使用最多的一种新闻体裁,是对国内外重大事件和社会生活中的新情况、新变化、新成就、新动向的报道。这类消息的显著特点是篇幅短小,时效性极强。如《中国爆炸第一枚原子弹》(路透社北京 1964 年 10 月 16 日电)等,就属于动态新闻。

②综合新闻。又叫综合消息,它是反映带有全局性综合情况、动向、成就和问题的消息报道,常常把不同行业、不同地区的活动和事例,围绕同一个中心概括起来加以报道。如《我国八亿农民搞饭吃的旧局向开始友生文化"人和平社"1983 年 2 月 22 日电)。

③典型报道。又称经验消息,它是对学校某个部门、地区或单位在执行党的路线、方针、政策中所取得的新经验的报道。通过典型报道,可以带动全局,指导一般。

④新闻述评。又称评述消息,它是介于消息和评论之间的一种新闻体裁,兼有消息和评论两种作用。它常常是在事件告一段落或发生转折时及时地加以报导和介绍,在述说事实的同时,分析形势,研究动向,指出发展趋势等。如新华社记者写的述评《适得其反》(新华

社华盛顿 *4* 月 *10* 日电），针对美国政府利用胡娜事件对中美关系的蓄意破坏，进行了述评。有条有理的叙事与无可辩驳的分析、质问相结合，入情入理，在国际上引起很大反响。

⑤特写新闻。这是一种特定的手法（即采用放大和再现的电影近镜头手法）去描写新闻事件和新闻人物的消息报道。特写新闻往往抓住事实中一两个有意义、有情趣、有影响的要素或片断加以再现和放大，重点写一两个画面，向人们展示事件的一点或一个横剖面。

（2）新闻的特点。

①目的明确，有的放矢。

②反应迅速，时效性强。

③内容真实，准确无误。

④语言精练，篇幅短小。

新闻在形式上以灵巧见长，因而篇幅短小；语言精练，一事一报，少则一句话，多不过数百字。

新闻的内容及结构形式

一条完整的新闻消息，一般包括标题、导语、主体、背景和结尾五部分。

（1）标题。

标题是新闻的眉目，是新闻内容的精粹所在。标题是新闻给读者的第一印象。标题别致，旧闻也会增色；反之，新闻也无光彩。

新闻的标题有正题、引题和副题等形式。正题是标题的主体部分之一，一般概括标题的主旨，点明立意之所在。引题和副标题则是介绍背景、烘托气氛，或对正题予以补充。写好新闻标题，需做到：准确，符合新闻内容。鲜明，有鲜明的政治倾向和新闻价值。生动，新鲜活泼，具体形象，最好带点文采。简练，用较少的文字概括和包含较多的新闻内容。

（2）导语。

导语就是消息的开头，它要求用简明扼要的文字，写出消息中最重要、最新鲜、最精彩的事实，揭示全文的主题思想，以便使读者了解主要内容，并引起读者的阅读兴趣。导语是从事实中提炼出来的精华部分，具有统领全文的作用，因此，有人称之为"消息中的消息"。导语的写法多种多样，常见的有以下几种：

①直叙式。就是用最简练的语言，扼要叙写新闻中最主要的事实，给读者以开门见山、直截了当、一目了然的印象。直叙式导语是最基本最常用的写法。如《东京宣布无条件投降》（美联社1946年8月14日电）中的导语，只用"日本投降了"一句话，把一个重大的历史事件告诉了读者。

②设问式。以设问开始，把新闻消息里所要解决的问题或所要介绍的经验更尖锐、更突出地提到读者面前，以引起人们的关注和深思。设问之后立即用事实作出回答。

③描写式。文章一开始就针对消息内容中富有特色的事实或有意义的某一侧面，用简洁的笔调勾出它的形象，从而给读者以鲜明、深刻的印象。

④评论式。新闻的开头就对所报道的事实进行精辟的、画龙点睛式的评论，以揭示事物的性质、特征或作用。

⑤结论式。它把新闻事实的结论或结果，一开始就写出来。

⑥对比式。运用对比或衬托手法，把作者要说的事实和观点鲜明地突出出来。

⑦引用式。引用新闻中主要人物的精辟的语言，点明消息的中心或意义，给人留下深刻的印象。

当然，导语的写法还有其他一些，这里就不一一介绍了。但导语必须以事件为中心，兼顾其他因素。要分清主次，千万不能把许多事实都挤写在导语里。总之，导语要写得具体、肯定、准确、生动活泼。

引用新闻中主要人物的精辟语言，点明消息的中心或意义，给人留下深刻的印象。

（3）主体。

新闻的主体接导语，围绕着立意展开全部内容，圆满地回答导语中提出的问题。主体运用的材料要充实、具体，易有典型意义。新闻中的五要素即时间、地点、人物、事情和原因，都要有所交待。消息的立意要集中，一则新闻只有一个中心，说明一个问题，叙述一件事情。一篇消息的质量如何，关键在于主体部分写得如何。因此，写一篇消息时，主体部分必须着力写好。

主体的结构形式，有时按事情的发展顺序，即时间的先后，一步步进行交待；有时按逻辑顺序，即事情的重要程度安排层次，先讲概貌，后讲细节，先讲主要材料，后讲陪衬材料。

不论用什么方式来写主体部分，都要尽量使得内容充实，层次分明，详略得当。另外，应注意主体与导语的文字不能重复，导语说过的话，主体不要再说。

（4）背景材料。

背景材料是指新闻中关于历史、原因的说明和环境、气氛的描写。它的作用是说明事情产生的条件、消息的性质和意义。它可以帮助读者理解消息的内容，增加消息的说服力和感染力。

背景材料从具体作用上分，有以下几种：

①对比性材料。就是对事物进行前后、左右、正反的比照以突出新闻事件的重要意义，或阐明一定的主题思想。

②说明性材料。介绍新闻事件的历史状况、地理环境、政治背景、发展变化以及其他种种客观条件、主观因素等等。把新闻事实讲得全面深刻而又恰如其分。

③诠释性材料。介绍人物的出身、经历，产品的性能、特点、使用方法以及解释一些专用术语、技术性知识等，以帮助读者理解内容，

增长知识。

（5）结尾。

结尾是消息的最后一句话或一段话。好的结尾能加深读者对主要事实的感受，让读者得到更多的启发和教育。但并不是所有消息都非有结尾不可。如果主体部分已交待清楚，则不必再加，否则会画蛇添足。

4. 学校通讯的写作

通讯是比新闻更详尽、生动的新闻体裁。通讯被誉为报刊的一颗明珠，是报刊、广播常见的一种文体，它比新闻、消息更详细、更生动地报道客观事实和典型人物。

通讯的分类和特点

（1）通讯的分类。

通讯的种类，依据不同的标准有不同的分法。从篇幅上可以分为长篇通讯和小通讯；从形式上可以分为文艺通讯和新闻通讯；从内容上可以分为人物通讯、事件通讯、工作通讯、概貌通讯、主题通讯和新闻故事等。

（2）通讯的特点。

新闻性。通讯应迅速反映现实生活中涌现出来的新人、新事、新风貌、新经验等，进行有针对性的报道。

真实性、典型性。通讯所反映的客观事实，应注意材料真实，甚至细节描写也不能失真。另外，还要注意选取典型的材料，要有代表性。

文学性、评论性。通讯往往运用描写、烘托、渲染和抒情的文学手法，绘声绘色地反映典型的人、事，来增强文章的形象性和感染力。

通讯对所写的人事要发表议论，作评价。这种评论紧扣人物、事件进行，寓理于情，以情动人。

通讯的结构

通讯的结构一般可分为三部分：导语、主体和结束语。导语，即通讯的开头。其写法灵活多样，但是一般要求以简明的语言交待时间、地点、人物、事件和缘由。主体，即通讯的内容部分。这部分内容可按事物发展的进程安排，以时间的先后顺序展开情节；又可按事物的性质写，在同一主题的统率下，并列写出几个不同的侧面。结语，即通讯的结尾。这部分在写法上比较灵活，没有定义。

通讯的表现手法

（1）叙述和描写相结合。

在通讯工作中，要注意把叙述和描写相结合，这样才能叙述清楚，给读者展开生动的画面，让读者在这种画面中受到感染和教育。

（2）议论和抒情相结合。

适当地运用议论和抒情，不仅不违背新闻报道的基本要求，而且还能使通讯主题深刻，人物鲜明，文笔生彩。

5. 校园广播站的管理规定

第一章　组织纪律

（1）凡广播站成员应遵守学校的相关规章制度及广播站内部的管理制度。广播站成员必须以认真负责的态度主动做好本职工作，无特殊情况不得私自调动。

（2）广播站会议无论大小，全体成员必须按时出席，有特殊原因者，需提前请假。无故缺席者第一次给予批评，第二次给予警告提醒，第三次给予解聘。

（3）因特殊原因，工作和上课发生冲突时，必须提前向站长请假。但禁止利用广播站之名处理私事，如有违反者视情节轻重，第一次给予批评教育，三次以上者（含三次者）给予解聘。

（4）若有特殊原因不能按时播出节目的，需提前向站长请假，并作好节目安排。

（5）望能听从指挥，顾全大局；并能灵活熟练地运用原则和程序以解决突发事件。

第二章　广播站内部管理条例

（6）注意安全用电，消除安全隐患。

（7）准时上岗开播，保证播音质量。

（8）管好音像制品，防止丢失损害。

（9）播音员要尽职尽责，执行操作规程，遵守广播站工作制度。

（10）无关人员不得进入播音室。

第三章　广播宣传设备管理及工作要求

（11）广播站工作人员必须爱护各种设备，如录音带、CD 碟等。非工作需要，未经站长批准不得使用播音器材。

（12）不得随意带非广播站人员进入广播站，录音带、CD 碟不得外借。

（13）广播室内严禁明火、堆放个人物品，严禁从事违反社会公德和国家法律的行为，保持干净、卫生。

（14）广播站工作要求：

①各部门应及时联系，提出存在问题，总结、积累经验，提出解决问题的方法。

②站长、部门负责人经常与学校各部门联系，及时获取信息，集中各部门布置各项工作。

（15）奖罚评定

①每学年评定一次优秀。

②对不遵守纪律、不专心工作，经警告无效者，依制度解除其职务。

③广播站内部的各种考勤情况作为期末评优的考核条件之一。

第四章　工作职责

(16) 站长工作职责

①广播站钥匙由主要负责人携带，不得外借他人或私自配用。

②广播站主要负责人做好站内全面管理和服务工作，及时掌握工作情况，定期进行分析总结和上报。

③站长定期检查器械的使用状况，及时掌握站内情况。

④广播站主要负责人对本站不负责任的站员可以对其做思想工作，如屡教不改的，主要负责人可以申请换人。

⑤站长负责本站全体成员的业务提高和业务培训工作，定期组织学习并开展活动。

⑥广播站主要负责人应在每学期初和学期末分别制订工作计划和撰写工作总结报告。

⑦站长负责每学年的优秀站员评选工作并上报指导老师。

(17) 播音员工作职责及要求

①播音员要普通话标准、热情、亲切、大方、有责任心。

②播音员具有一定的语言组织能力和文字功底。

③根据栏目，内容形式的不同，播音员要以不同的方式传达给听众。

④播音员必须在播音前一天左右熟悉节目内容并在开播前十分钟进入播音室，不能按时到位事先要向站长报告，安排人替补。

⑤爱护广播站设备和用品，不得利用广播站设备转录磁带；不得私自挪用和占有；不得转借他人，违反规定，除追回原物或索赔外，

还将追究当事人的责任。

⑥保持播音室的安静、整洁，非工作人员不得进入播音室，每次播音完后要将仪器关闭，整理好碟片、磁带等，并写好工作日志。

⑦未经编辑处理的稿件，播音员不得擅自播出。实行播出签字制度。

（18）记者工作职责及要求

①记者应具有敏锐的洞察力，给广播室提供资料线索（新闻稿件等）不影响广播室的正常运作，可在学校进行采访报道。

②记者应具有一定语言文字组织能力和写作能力。

③按时、按量、按质提供稿件。

④稿件要统一用稿纸书写，字迹要端正。

（19）编辑工作职责及要求

①编辑应具有一定的新闻敏锐性，在编辑稿件时，防止出现政治错误，重要的广播稿件须经校团委同意方能播出，如出现上述错误，视情况进行处理。

②编辑采用稿件必须始终把质量摆在第一位，严禁徇私舞弊，编辑在编排节目时，应把握以下四个标准：选材是否精当；格调是否高雅；准备是否充分；节目是否口语化。

③编辑必须提前将编本送到站长或副站长审查。在栏目播出时，该栏目编辑须到播音室写好工作日志。

④值班编辑对来稿归类存放，并如实登记。

⑤编辑应配合记者及时向广播站提供稿件。

第五章　校园广播站工作细则

（20）校园广播是学校对广大师生进行宣传、教育的重要手段，是学校开展社会主义精神文明建设的重要阵地。因此，必须坚持正确的舆论导向，必须坚决服从校团委的领导，在团委宣传部的直接管理

下开展各项工作。

（21）广播站实行站长负责制，设正、副站长各一名，从播音员中进行选拔，由责任心强、业务水平高且具备一定管理能力的男女同学各一名担任，在主管老师的领导下开展工作。站长全面负责广播站内部各项工作：负责隔周主持召开例会，对各小组播音情况进行总结；负责对播音员的日常工作进行量化考核；并负责向主管老师及时汇报广播站近期的工作情况。重大事务由站长召集广播站全体播音员以及其他干事召开播音员联席会议，经协商后报主管老师，待同意后执行。

（22）播音质量是校园广播站赖以生存和发展的重要基础，全体播音员应齐心协力、勇于创新、努力提高自己的节目质量。如果自办节目的整体水平徘徊不前，要追究主管组长的责任，如若短期内仍然不能打开新局面，推动广播站各项工作向前发展，则要解聘其组长职务。副站长每天必须值班，检查当天节目的前期准备工作和播音情况。

（23）广播站实行每周五天工作制，即在正常情况下，每周一中午和周五中午进行播音。自办节目播出时间为中午 12：10 开始，节目的时间由各组长自行安排，但每期不少于 25 分钟。

（24）每天的节目为一组播音，播音组实行组长负责制，各节目组组长负责播音稿的前期审核工作，并把播音稿提前一天交给站或副站长审核。组长由站长从播音员中选拔成绩优秀、认真负责、业务水平高且具有一定管理能力的同学担任。组长在主管老师和站长的领导下，带领播音组其他成员开展工作。组长应依据本组节目特色，开拓进取，制定节目计划，交站长审核。组长对本组节目全权负责，若因组长管理不善导致节目质量下降或发生重大播音事故，要追究组长责任，并予以解聘。

（25）播音员要时刻注重自身修养，爱岗敬业，克己奉公，勤学不辍，勇于创新，以在校期有限的学习时光里使自己的人格得以升华，能力得以提高。

（26）播音员首先要以学业为重，争取在本专业学习中取得优异成绩。若因承担播音工作而导致成绩下降或出现所学课程不及格时，广播站要予以劝退。播音员在平时还要认真收听广播节目，学习播音技巧，博览群书，丰富学识，拓宽视野，活跃思维，养成"勤动口、勤动手，勤动脑"的良好学习习惯。每月应完成不少于五百字的个人作品一篇交付站长，由站长审核，并选取优秀作品收录在校园网站上，作品的完成质量将直接与个人考核挂钩。

（27）所有播音员都要自觉遵守学校各项规章制度，规范个人言行，爱护公物，注重个人形象。同时，必须严格遵守站内设备的操作使用规程，实行规范化操作。如果设备出现异常，应果断采取措施，并及时通知站长或主管老师，经检查，确认无误后，方可重新使用。播音员无权向外租借站内任何物品。如因玩忽职守造成设备重大损失者，将追究其经济责任。

（28）播音员必须严格履行作息制度。正常情况下，当天节目的播音员应在中午 12：00 以前到达广播站，着手节目的前期准备工作。12：10 节目必须准时开播。播音结束后，播音员要规范关闭设备，断开电源，认真填写当天的播音日志，整理好磁带、CD 及各自的播音稿，并保持周边环境整洁，关好灯和门窗后才可离开。

（29）播音员应该严格履行请假制度，原则上避免请假，如确有必要，应及时向站长请假，并要做好当天节目的交接工作，避免一人请假，节目停播的重大事故。如造成此类事故，则记该播音员重大播音事故一次、缺岗一次。一学期，累计请假不得超过三次。

（30）坚决杜绝迟到、早退现象。一学期中，累计迟到、早退达三次者，予以解聘。

（31）凡无故不来播音者，予以解聘。

（32）因准备不充分而导致播音质量低劣者，视为重大播音事故，个人累计重大播音事故达两次者，予以解聘。

（33）缺岗及造成重大播音事故者，不得参加年度评优。

（34）播音员不得带其他同学进入播音室。播音期间，谢绝一切来访，点歌的同学不得进入主播音室。

（35）对一学期被连续三次警告的播音员和播音小组，全员解聘。

（36）每位播音员都要积极参加站内的各项集体活动。

（37）站长负责播音员个人档案的建立工作，该档案将记录播音员在校园广播站工作期间各方面的表现。

（38）广播站于每年年终开展评优活动，届时将评选"优秀播音员"若干名，"优秀播音小组"一组，颁发荣誉证书。

第六章　附则

（39）本规定解释权为共青团重庆三峡医药高等专科学校委员会。

（40）本规定自颁布之日起施行。

第三章

学校网站的建设指导

1. 学校网站建设的意义

学校网站能提供教学互动的方式

学校网站使得教师与教师、教师与学生、学生与学生之间的交流有了全新的方式，它不再受到传统课堂的制约。它可以使天南地北、城市与乡村的学生同处一室，共同讨论，共同分享。地理上的界限在这里模糊和消失了，学校网站是真正没有围墙的学校。

学校网站是学校的商标

每一所学校都有自己的特色，每一所学校都有自己的个性。在这个高度信息化的社会里，建立自己学校网站是最直接的宣传手段。网站的超时空特性，不仅能让地区内的人们了解学校，更可让世界了解到学校。凭着学校网站，学校就可成为教育百花园中一朵鲜艳的花朵。

学校网站能够提供个性化学习的平台

不同的学生理解世界的方式各不相同，认知世界有诸多方式。网络提供的丰富资源可以使学生寻觅不同的教育方式，各取所需。学校网站允许不同的学生沿着自己的途径，按自己的速度接受教育与学习，学生将有机会享受最佳的教育机会，充分发掘自己的内在潜力，培植独特的个性和人格。

学校网站是实现教育资源分配的桥梁

网络有着巨大的教育资源库，它集全社会的力量，使教育资源无限增长。这对于发达地区和欠发达地区，高投入学校和条件差的学校在获取教育资源的权力上达成平等，使每一位教师和学生都能均等的得到培训和受教育的机会，不再会受到学校水平、教材、教师能力的限制。不仅能极大的提高教学效率，而且能实现教育公平的社会理想。

学校网站是最佳的教学研究室

学校网站与教育类专门网站的有效链接，给学校教学研究带来了一片新天地，各种优秀教案、专家论坛、网络观摩课、各科素材、多媒体课件制作等内容为教师教研提供了极佳的平台。有效地降低教研成本、提高效率。

2. 学校网站建设的作用

现在的学生很喜欢上网，他们交际广泛，而且他们毕业后将走向全国东西南北，所以学校网站，会对学校起到相当大的宣传作用。比如说在学校建站初期搞一次全校学生参与的校园网络文学赛，要求学生作品直接在网站指定页面发表，学校从中评出优秀作品并通过网站进行奖励，当然最好把其中一些学生的作品投递给国内的一些学生刊物选登，这对学生和网站建设都是一种很好的支持；另外，学校网站还开设学校的学习论坛，邀请学生做适合自己兴趣爱好栏目的版主；不定期举办比赛通过这一系列的活动可以让更多的学生了解学校网站制作并参与其中，达到不错的宣传作用。

校友是学校发展不可缺少的力量，一个优秀的学校离不开广大校友的支持和帮助，一所学校，特别是有几十年甚至近百年历史的学校，在国内外有无数的校友，很明显，在信息飞速发展的今天，校友与学校之间以及校友与校友之间仍然主要通过普通信件或电话进行联系的方式已经落后，作为母校，有义务也有责任加强校友录的建设工作，以进一步加强校友与学校以及校友自身之间的联系。校友，在很多情况下一提到这个问题便让人想起仅仅是在学校搞校庆时拉赞助的对象，其实，广大的校友带给母校的往往是一些更可贵的看不见的无形资产，他们经常会为母校的发展献计献策，他们的成功也会推动母校的发展，

对在校学生起到一个良好的示范作用，所以校友是学校发展不可缺少的力量。最好今后的毕业照全部上网（以前的毕业照也最好逐步整理上网），同时发给学生的毕业照都印上学校网址，以加强校友与母校的联系。

学校网站建设的意义还在于教师与教师、教师与学生、学生与学生之间的交流有了全新的方式。学校网站能提供教学互动的全新方式学校网站使得教师与教师、教师与学生、学生与学生之间的交流有了全新的方式，它不再受到传统课堂的制约。它可以使广州与北京、城市与乡村的学校同处一室，共同讨论，共同共享。地理上的界限在这里模糊和消失了，学校网站是真正没有围墙的学校。

有了这个网站不仅提高教学效率，能实现教育资源的合理分配，而且学校网站是最佳的教学研究室。学校网站是实现教育资源分配的桥梁网络有巨大的教育资源库，好的学校网站建设方案是这个网站集全社会的力量，使教育资源无限增长。这对于发达地区和欠发达地区、高投入学校和条件差的学校在获取教育资源的权力上达成平等，使每一位教师和学生都能均等的得到培训和受教育的机会，不再会受到学校水平、教材、教师能力的限制。不仅能极大的提高教学效率，而且能实现教育公平的社会理想。学校网站与教育类专门网站的有效链接，给学校教学研究带来了一片新天地，各种优秀教案、专家论坛、网络观摩课、各科素材、多媒体课件制作等内容为教师教研提供了极佳的平台。有效地降低教研成本、提高效率。

3. 学校网站建设是现代教育的需要

学校网站建设是学校教育信息化建设的重要方面，是适应现代教育技术和信息技术的发展，加大学校对外交流与宣传力度，提高教学、科研、管理效率的重要途径；学校网站是学校对外宣传的窗口，也是展示全校师生才能，加强对校外联系，互相学习，共同发展的阵地，学校网站建设的目的是促进师生与学校共同发展，因此，需要全校师生共同参与，同心合力把学校网站建设好，本文无意过多的探讨学校网站建设技术方面的问题，而旨在更多的探讨学校网站建设的非技术的、思想观念等方面的问题，希望能对广大已经或正准备建设学校网站的学校有所裨益。

多多表现，力争各层面特别是学校领导的支持

学校网站不应只是为了装点门面，它需要相当多实质性的东西来填充，这就要求我们这些网站建设实施者向学校领导积极反应学校网站建设的重要性和必要性，还要告诉他们，我们现在需要什么。当然，作为学校网站建设初期最需要的肯定是资金，各个学校可以根据自身情况决定采用何种方式建设学校网站：对于资金比较充足的学校可以考虑购买专门 WEB 服务器、租用专线上网的方式，这样以后在网站建设方面就可以更好的大展拳脚；如果学校资金比较紧张，那可考虑租用网站空间的形式建设学校网站。无论采用那一种方式，我们都应当事先要有充分的资金预算，不然，今天向领导"要"两万，明天再"讨"一万，那可能将是一件非常不愉快的事，甚至让领导怀疑你的办事能力。

学生是宣传网站最好的"工具"

现在的学生很喜欢上网，他们交际广泛，而且他们毕业后将走向全国东西南北，所以动员学生参与到学校网站建设中来，会对学校网站建设起到相当大的宣传作用。比如说为吸引学生参与网站建设，学校在建站初期便搞了一次全校学生参与的校园网络文学赛，要求学生作品直接在网站指定页面发表，结果在近两月的时间里先后收到数百篇包含诗歌、散文、小学等形式的文学作品，学校从中评出了不少优秀作品并通过网站进行了奖励，更有其中一些学生的作品被国内一些

学生刊物选登，这对学生和网站建设都是一种很好的支持；另外，学校网站还开设学校论坛，邀请学生做适合自己兴趣爱好栏目的版主；不定期举办电脑作品比赛，为学生提供网站域名空间，也从中发现了有不少好的作品。通过这一系列的活动，确实可以让更多的学生了解学校网站并参与其中，达到不错的宣传作用。

通过与知名网站合作等形式，加强网络资源库建设，以获得社会各界的支持

加强校友录建设：校友是学校发展不可缺少的力量

一个优秀的学校网站离不开广大校友的参与和支持，一所学校，特别是有几十年甚至近百年历史的学校，在国内外有无数的校友，很明显，在信息飞速发展的今天，校友与学校之间以及校友与校友之间仍然主要通过普通信件或电话进行联系的方式已经落后，作为母校，有义务也有责任加强校友录的建设工作，以进一步加强校友与学校以及校友自身之间的联系。校友，在很多情况下一提到这个问题便让人想起仅仅是在学校搞校庆时拉赞助的对象，其实，广大的校友带给母校的往往是一些更可贵的看不见的无形资产，他们经常会为母校的发展献计献策，他们的成功也会推动母校的发展，对在校学生起到一个良好的示范作用，所以我们没有理由不加强这一块工作。

校园快讯与校园风采图库建设让师生、校友和社会各界及时了解校园动态

在学校网站建设过程中，校园快讯以及校园风采图库的建设非常的重要，它们在一定程度上可以反映学校的办学思想、教学观念以及师生在校园的学习生活情况，经常查看这些栏目的除了在校师生外，还有以下一些群体：

一是已经毕业校友，他们关心学校的发展，所以会经常"回来"看看，试想，如果一位已经工作几十年的老校友再"回到"母校能看

到自己当初的照片依然还放在学校网站上，那种心情是何等的激动，毕竟母校还没有忘记他们；二是，各级教育部门和学生家长，他们需要及时了解一些学校的教育教学工作情况，并及时的向学校有关部门反馈他们的意见或建议。基于以上原因，可以这么说吧，现在学校各类活动，只要不是拍得太差的图片我都会分类的把它们放在网站的校园风采图库内，因为我相信一点，"今天的新闻或图片"将是明天的"历史"，为此我也很自豪，因为我在记录着学校的历史！

加强部门网站和教师个人网站建设，促进教师积极参与

学校网站同时为各教研组或教师个人提供了展示自己的舞台，通常情况下在校教师向外界展示自己的机会只有下面这几种方式：上公开课、撰写教学论文、发表课件、学校评优等，这几种方式的展示范围一般是有限的，仅局限于本校或本地教育部门，而通过网站形式，教师或教研组便可把自己推向全国乃至全世界。在鼓励教师或教研组建立网站建设方面，我校领导确实是"英明"的，对于建立教师个人或教研组网站的给予了相当的物质和精神奖励，这样便使更多的教师参与到网站建设中来，提升了学校网站的"综合势力"。

多作宣传是提升网站知名度的必要手段

"酒香也怕巷子深"，没有必要的宣传手段，再优秀的网站如果没有必要的宣传也只能被"埋没"。作为一个学校网站，除了上面提到的一些宣传手段外，我认为还可以做以下几点宣传工作：

（1）注册搜索引擎，让别人能"搜"到你。

一些著名的搜索引擎或网站如雅虎、google、搜狐、网易、百度、新浪等都有网站登录功能，可以将自己的网站在他们的网站登录网页进行注册，将自己网站信息登记进去，这样网络用户在查找相关资源时便可轻易的进入到自己的网站；

（2）到一些优秀教育网站"做广告"。

这里是指免费广告，通过"灌水"等形式发贴，通过为这些网站的用户提供本校网站的会员账号等形式吸引用户，必要时还可做做"假"，假装自己是一个与学校网站毫不相干的用户，然后对这些教育网站用户说"我发现一个优秀教学网站"，鼓吹一通，既不损人也可利人利己，何乐而不为呢？

（3）注册网络实名。

这也是一个让别人找到自己的方法：如注册一个"舟山中学"的实名，只要在浏览器地址栏输入"舟山中学"便可进入学校网站，便于记忆。

加强监督管理，杜绝网站不良信息

学校网站除了在技术上对服务器进行安全配置防止黑客或病毒外，在网站内容方面特别是动态栏目内容方面一定要加强监督管理，学校网站面对的主要对象仍然还是学生，所以对信息的监督和过滤工作还是必要的，过滤是通过网络技术防止某些内容出现在网站上，这相对还是比较容易实现的，而监督却是一个长期坚决的任务。学校网站不同于商业网站，商业网站动态内容要求 24 小时有人值班，而学校网站建设一般只有一个人左右，不可能有这么多时间来随时检查网站内容，这就要求我们采取必要的措施，培养"信息员"就是一个不错的方法。一般要求各论坛版主或关系密切的网站用户发现任何不良信息随时联系（告诉他们电话号码）或直接清除，以便及时进行处理。

学校网站的建设者要有十二分的奉献精神

建设学校网站应当说是一种"后台工作"，编写一个程序或发现并修补一个程序漏洞，可能让你没日没夜连续工作数十小时；收集一批资料，然后再上传到资源库，更可能用掉你连续几天甚至几十天的时间；寒冬或酷暑、白天或深夜，网络服务器随时可能出现问题，那都得跑到机房，轻则重启电脑，重则可能需要重新安装系统；学校每

搞一次活动，拍的照片都得及时用软件处理好，然后上传到系统，再添加文字说明，这又得花不少时间；另外每天可能还得处理来自网站用户或校友的十多封甚至数十封电子邮件……，关键的关键是这些工作都是"后台"工作，这种工作实际上已经没有了上班下班和假期的区别，可以说极少有人能理解其中的苦，有的同事不理解甚至还以为你一天到晚坐在电脑前"挺舒服的"，没有一颗十二分的奉献精神是很难做到的。当然，做了工作向领导适当的反应一下也是可以的，当今的社会，拿点适当的报酬已经不能说是没有"奉献精神"了。

学校网站建设内涵是第一位的，不必过多的追求技术含量

许多人一谈到学校网站建设，便想到"专业"二字，难！当然，这与我们长期以来的评价体系有相当的关系。如果大家留意，极少能看到过哪位教授或学者搞讲座时用 Authorware 或 flash 制作课件或讲稿的，甚至用 PowerPoint 的也不多，更多的则是直接用 Word，难道这些所谓的评委的水平都比这些教授"高"？而网站的竞赛评比也不例外，评委首先看的便是"外表"，如果网页做得漂亮，即使没有真正的内涵，那这网站的评分也绝不会低，如果再稍有点内容，便极有可能得到"高分"；相比较而言，那些内容丰富而且相当实用的网站，如果缺少漂亮的外表，甚至无缘"入围"。像国外的联合早报，国内的新浪、网易、搜狐等网站，他们的界面几乎没有怎么变化和刻意的美工，但这些网站却依然得到了大家的认可，在世界网站排名中名列前茅，这些网站的成功，最根本的一点还是其丰富的内涵与实用性。所以学校网站建设不要太多的考虑技术问题，而应该更多的考虑不断增加网站内涵，让人能从学校网站获取丰富的知识与信息，这才是学校网站建设成功的关键所在，"最漂亮的网站不一定是优秀的网站，有内涵的网站才更具有生命力！"

牢牢掌握邮件这个秘密武器

学校网站建设过程中，不断有校友、资源用户、论坛用户等注册，他们中相当的都有自己的电子邮箱，利用的好，对宣传学校能起到事半功倍的效果，利用邮件群发软件可以在瞬间把信息发送到这数千个用户的邮箱中，宣传效率之高是传统媒体无法比拟的。

4. 学校网站建设的基本要求

随着信息技术的发展和学校现代化建设的加强，各地中小学校纷纷建设了校园网，推出学校自己的网站。虽然许多学校的网站建设、发展已经数年了，但还是有相当多学校网站的作用、影响不尽如人意，面临进一步转变的压力。那么学校到底需要什么样的网站建设？笔者认为，当前学校网站建设迫切需要解决这样几个问题。

当前学校网站应该发挥什么功用

平时，一些学校网站不外乎把一些通知、信息上传到网上，以方便大家及时了解信息动态，有突击检查任务时，把一些内容补一补，做到有内容可看也就可以了。再有就是作为展示平台，把学校里开展的一些活动的相关照片或文稿资源挂在网上。

综观当前各中小学学校网站，在功能和作用上是相当有限的，"转发通知"、"报道活动"成了许多学校网站的全部功能。这样的网站无疑等同于"食之无味，弃之可惜"的"鸡肋"。那么学校网站除了发通知、报道活动之外，还能做什么呢？

教育教学是学校的核心工作，如果能凭借现代信息技术的优势，在学校的教育教学中发挥出自己的作用，这样的网站一定会"食之有味"。校园网站的发展方向应该向注重教育教学应用转变。作为学校网站，支持教学是第一位的，其作用应该是信息交流、教学、管理。

学校网站在"关注群体"方面如何定位

一些学校网站在某种意义上充当着检查、评比的"道具",平时很少有人问津,当然也不会即时发布信息。许多学校网站在建设过程特别是后续的建设与管理中都存在着这样的尴尬,这提示我们要关注一个问题,即网站的建设过程也应包含对"关注群体"的正确定位和"培育"的过程。

学校网站不同于其他网站,最重要的特色功能应该着眼于教育,服务对象应包括学校教师、学生、家长等。但是很多学校在网站的建设过程中往往只想到了教师,而忽略了广大学生及其相关联的群体。

随着电脑和网络的逐渐普及,整个社会各个群体获取、交流信息的方式都因之而发生了革命性的变革。随着这一发展趋势,学生、家长通过学校网站获取信息逐渐成为了日常的需求。发布这个群体需要的信息,既满足了学生及家长的需要,也可以使学校网站获得应有的"人气指数"和实际功用。

当然这是最基本的思路,要真正形成"关注群体",还要经历从无到有、从小到大的一个"培育"过程。如何培育?这既与学校的整体管理方式密切相关,也有其特定的面,学校网站不仅仅是窗口的作用,更应是一个相互交流的平台、一个师生互动的平台、一个家校联系的窗口。

网络的最大优势就是信息的交流互动,利用网站在学校和这个学校的"关注群体"间进行沟通、互动,是切合当前信息交流的大趋势,也是学校发展自己网站极好的契机。

学校网站应该如何进行长效管理

有人认为,学校网站的管理是网管员的事,别人只要看就行了,所以学校网站成了通知栏。这种现象在许多学校网站的建设与管理中存在,"专人专管"这种简单的思维在学校网站的长效管理中显露出

弊端。

已经有相当多的事实证明，如果学校网站的运行仅由信息技术教师或者其他专门管理者来承担的话，这个网站必定不能与学校的教育教学实践相融合，无源之水、无本之木，是注定不能有前景、有发展的。对此，学校网站的建设与管理应全员参与、共同建设，将网站应用于教育实践。

对于一部分学校，特别是技术应用水平、氛围还不是很好的学校，要让学校教师、学生参与到学校网站的管理、运行的过程中，还需要经历一个技术培训与方法培训的过程。

学校网站如何进行资源库建设

学校网站资源库建设，决定了校园网建设的内容与方向，在很大程度上关系到学校网站能否真正充分发挥作用。

（1）要更新"资源库"的概念。一所学校拥有的资源库固然是我们传统概念中的"资源库"，同样，在互联网上散布的不计其数的各类文字、图片、音频、动画、视频也应该作为教学的资源。事实上，相当多的教师在实践中都在利用互联网这个"海量的资源库"获取自己想要的资源。相比之下，学校在几年前曾花费巨资建立的资源库，在数量和更新上都不可能与互联网相比拟。

（2）所谓的"资源库"，不能等同于"素材库"。在过去的资源建设中，有相当多的学校管理者、教师将二者等同起来。素材库可以是资源库的一部分，但如上所述，互联网是一个海量的素材库，而且在技术与保障上，都可以保证方便地使用。那么作为学校，真正需要举一校之力去建设的"资源"应该是什么？这个问题非常重要，这也是一个定位的问题。这个问题的答案并不是唯一的，但也有着共同特征，比如，应该是实用于教学的，形式可以是教案、试题、课件、学件等；应该方便于使用，在检索、获取等环节要方便、无障碍。

（3）资源建设过程中，要加强"人"的建设问题。互联网上的资源是海量的，但如果不能从中获得自己需要的，那么资源的海量只会浪费我们的时间与精力而无益于需求的满足。因此让每一个教师掌握一定的获得资源的策略、方法和技巧是非常重要的，其重要性绝不亚于投入巨资建设资源库，这也是在校园资源建设方面为一线教师提供"鱼"，还是引导大家掌握"渔"的问题。

（4）软件开发商提供的所谓的"配套教学资源"，会随着课程、教材、教与学方式的变革，很快成为"不配套"，因滞后而被淘汰。

从中我们也应该明白一个简单的道理，就是必须顺应这种必然，形成资源建设的更新机制，动员教师主动投入到资源的建设中，让教师不单单作为使用者，也要成为建设者。只有这样，资源库的建设才能进入一个动态的、持续的、发展的状态。

实践证明，学校网站建设必须解决好以上问题，才能真正发挥其应有的作用，服务于教育教学。

5. 学校网站建设的规划设计

校园网站建设的范畴比较广，学校应根据自己的实际情况来定。

设计思路

可以按照下面这个步骤来考虑：

（1）学校的类型是什么，大学，中学，小学，还是其他类比如培训学校等？

（2）校园网站究竟要实现什么功能？这个可以说是重点。比如纯粹是学校新闻公告，院校介绍这种介绍类型的网站，外加交互功能（留言等）。还是打算建设一个功能较多，可以实现校园办公，学校，教师，学生，甚至家长互动的复杂网站。

（3）有没有自己比较满意的，其他同类型的网站作为参考。比如其他学校的网站等等。

（4）确定了以上各种情况十分重要。他们将直接影响所使用的语言，数据库以及平台。

技术要求

（1）如果是比较简单的学校介绍类型的网站，且内容变化不多，数据不多，可以使用 ACCESS 数据库即可。相反，如果数据众多，数据关系复杂，最好还是用 MYSQL 数据库，当然，其对平台或者说服务器的要求就要更高一些，价格自然也比较高。

（2）目前网站设计语言主流种类也就几种，PHP 的相对要安全稳定多了。

（3）网站服务器采用要安全稳定的即可。

6. 学校网站的建设流程

学校网站建设不同于普通企业建站，有其自身的功能特点。一般而言，学校网站建设流程说明如下：

总体规划你的网站

当你想建立你的网站时，你一定已经在网上浏览过 n 个小时了，当看见其他学校的网上之家的时候，或者受朋友"到我的学校网页看看"的精神刺激下，你开始产生为自己的学校进行网上建家的冲动了！但是这时候你并不知道你建学校网站的目的，你也不知道你该做成什么样的网页，"家里"该有些什么摆设。于是你应该静下来想一想，怎样规划你的学校网站。

首先，你要有信心和知识。再次，你得有内容，网站应该有一个什么样的主题，别人来你的网页看什么。接着，你要组织你的网页了，它们该是什么结构，这种结构不仅要让访问者能感觉到你的风格，也要方便你自己维护网站。最后，构思出你的"引人入胜"的门面。

准备工具和材料

拿出扳手、电线、螺丝刀和所有需要的工具，我们要制作网页了！安装好一种编写 HTML 语言的编辑器，你可以利用 IE 的 frontpage，但是你应该有更好的，当然是 Frontpage98 了！Word 一般的简易操作；支持 Microsoft、Netscape 的全部网页标签，极好的兼容性；提供多种设计样板，表单向导等傻瓜功能；强大的管理工能可以检查网页链接、查看组织结构、上网传送甚至检查你的拼写错误；"所见就所得"，普通视图、HTML、预览自由切换。当然你也可以按自己的爱好选择：Hotdog、Pagemill、Homesite 等等。有了编程工具就该准备你的网页素材了！文本、图片、动画、midi 和 mp3 音乐等等准备搬上网的东东。制作这些东西你也许要用到做图片的 Photoshop、做 gif 动画的 GALE、制作 imagemap 的工具 MapThis、中文字库，所有要用的东西你都要准备齐备。

制作网页

当然要制作网页了！网页做好了，链接做好了，测试工作必不可少。用 Frontpage98 的 FrontPagewebServer（WEB 服务器）可以对你的网页进行测试，看看链接是否正确发现问题，以便及时改正。

上传你的网页

你还得先申请一个放网页的空间。现在网上提供免费主页空间的网站很多，申请到空间后，带上 ftp 工具上路了！如 cuteftp，先在 sitemanage 添上你的，填写上传主机服务器的地址，你的用户名，你的密码，就可以了。开始连接主机，登录用户，打开右边允许你上传的目录，把你要上传的东东都拖过去。

注意：你的主页名应该是 index. htm；index. html 或者 default.

htm; default. html，按申请地方的要求来，还有就是文件名的大小写，unix 主机可区分严格哟。上传后你就可以欣赏你的作品了。

网页做好了，也上传了。但现在没人知道，怎样宣传你的主页呢？当然是上聊天室，到处贴帖子，发 E－MAIL 通知好友，登录搜索引擎，用免费广告，同别人互相交换连接，等等。

网站维护和更新

要想学校网站的访问量大，你得经常更新你的网页，增加网页内容，并弥补网站存在的缺陷。

要想更好的被各大搜索引擎所搜录，还要对网站进行很好的优化，如页面生产静态，合理设置关键词，增加外链和内链等。

7. 学校网站建设的注意事项

要建立一个成功的学校网站，最起码应注意以下几方面的问题：

找好自己的定位

网站形形色色，但是并不是所有的网站类型都适合你。找好自己的定位，是建立一个网站的基础。

策划是灵魂

策划是一个网站的灵魂，许多学校在做网站时，找一些有关学校简介及服务简介的资料，再配上几幅照片，只是一些信息堆积在网上，没灵魂，一个好的学校网站是学校和网络的完美结合。

选择一个好的域名和空间商

域名非常重要，一眼就过目不忘，互联网上，简单、易记，才是制胜的法宝。挑选一个优秀的网站空间也不能忽视，就像我们生产出了好的产品，就一定找一个好的仓库来储存，这样我们的产品才有质

量保证。

找一家合适的网站开发商

网站建设市场入口的门槛低，导致市场上各类开发公司良莠不齐，所以不要只盯着报价，当然价格也不是越高越好。有好多都是游击队，他们就是赚一单算一单，这种公司往往用低价诱惑客户，拿到以后，开发质量、安全问题、售后服务，这些都是到时候再说的事情了。所以还是选择一家专业的正规公司来做，放心！！！

找一个合适的负责人

企业找一个合适的负责人也很重要，只有这样，才能减少沟通上的成本，少走弯路，使开发顺利进行。

用户体验至上

网站并不是越眩越好，也不是越简单越好，更不是堆叠的信息越多越好，一定要用户感到方便快捷，比如说房子，不管怎么装修，住起来舒服是第一要务。

了解搜索引擎营销的概念

搜索引擎是互联网的入口，把握了这个入口，就把握了一切。一个网站没有最基本的搜索引擎营销，就如同把美女关到一间黑屋子里。

网络安全很重要

虽然一个一般的学校网站不会引起太多黑客的关注。但是由于目前网络上各类黑客软件异常流行所以，还是应该小心为好。

想办法留住用户

留住用户是一门很复杂的学问，网站应该提供些服务，比如免费下载的资料等等，更方便你针对他们展开服务。

网站就像一个孩子一样，并不是你把他生下来就万事大吉了。网站上线以后，你必须每天照顾它，只有这样，才能吸引更多的用户。

8. 学校网站建设的管理办法

学校网站是展示学校办学水平和办学特色的窗口，是教师展示自我风采的平台，是体现学生个性素质的天地，为了促使网站建设不断完善，资源不断充实和丰富，现制定本管理办法。

第一章　总则

第一条　为加强学校网站的规范化管理，发挥应有网络效益，实现信息资源交流与共享，更好地为教学、科研服务，依照《中华人民共和国计算机信息网络国际联网管理暂行规定》、《计算机信息网络国际联网安全保护管理办法》、《互联网信息服务管理办法》、《中国教育和科研计算机网暂行管理办法》等有关规定，特制定本办法。

第二条　由学校网站管理员负责对学校网站的建立和信息的审核、发布。

第二章　网站的建立

第三条　学校网站向校内外用户发布信息，提供信息查询、下载、上传服务，分为校级网站（一级栏目）和二级网站（二级栏目）。

第四条　校级网站由综合办负责管理和网络管理员负责维护。二级网站由各部门负责更新。

第三章　信息发布

第五条　发布信息分为两个部分，一部分是由学生或家长参与的信息发布，一部分是由教师参与的信息发布。

第六条　学校网站的信息由学校网站管理员组织参与管理的教师根据学校信息公开的内容和相关规定，进行信息的管理与发布。

第七条　发布信息必须遵守国家有关法律、法规，严格执行安全保密制度，并对所提供的信息负责。

第八条　任何部门（教研组或各处室）和个人不得利用计算机网络从事危害国家安全，泄露国家秘密等犯罪活动，不得查阅、复制和传播有碍社会治安和有伤风化的信息。

第九条　在校园网中不允许诽谤、诬陷、欺诈、教唆他人；不允许侵犯他人名誉权、肖像权、姓名权等人身权利。

第四章　权利和义务

第十条　网站建设是每位老师的义务。

第十一条　学校鼓励每位教师定期在网站（包括"教师发展"栏目）上发表文章。

第十二条　班主任老师要大力宣传学校网站，通过网站（家校互动）与学生、家长交流，扩大网站的影响。

第十三条　学校鼓励学生将自己的作品在学校网站发表，使学生获得成功的体验。

第五章　网站管理员职责

第十四条　负责网站的日常运行和维护。当网站出现故障时，要想办法尽快解决。

第十五条　要定期对教师进行信息技术培训，负责解答技术方面的问题。

第十六条　定期对网站进行更新和完善。

第十七条　每位教师要确保网站安全建设，不发布不健康的信息，自觉维护学校网站形象，实行首见责任制，在第一时间将情况报告给网站管理员。

9. 学校网站从立项到制作的过程

学校网站开发是一项很复杂的工作，可以将它看做一个项目来进行。软件工程的管理方法和规范与网站建设项目最接近，因此我们在仔细研究软件工程后，借鉴软件工程的管理方法和规范，针对学校网站建设的特点和重点，整理出一套适合学校网站建设管理和控制的方法。我们可将其称为网站工程，简单地说就是网站项目的管理和控制方法，是一种特殊的、标准的操作程序，目的在于保证网站建设的高效率、高质量、低风险。

下面，我们就按照学校网站从立项到制作完成的顺序来介绍：

网站系统分析

（1）网站立项。

当我们需要进行校园网站建设时，就要对建立学校网站这个项目立项。较好的做法是成立一个专门的项目小组，小组成员包括：学校领导、学校网络管理员、美术教师、各处室人员、微机教师等 6～7 人组成。由网络管理员作为项目负责人负责对该项目的统一调度和安排。

（2）需求说明书。

要建立一个网站，首先要明确学校网站建设的意义和需求及校园网所能提供的功能和内容。必须让每一位学校领导和教师了解校园网能够提供的服务和功能；其次可采取与领导交谈、下发问卷调查表等方式了解学校领导和教师希望校园网提供的服务和内容，网管要根据各方面的反馈意见进行认真的分析，编写一份详尽的需求说明书。把好这一关，可以杜绝很多因为需求不明或理解偏差造成的失误和网站建设失败。需求说明书要达到如下标准：正确性、可行性、必要性、简明性、检测性。

作为国际互联网站点，每个不同的网站将满足网络用户的不同需求。学校网站所面对的对象是广大教师和学生，所以，教师、学生和一些渴望了解学校基本情况的人群的需求就成了本次设计的实际需求。在对网站进行设计制作前，有必要对需求进行仔细分析。

浏览者访问一个站点一般都希望对该站点能很快地有一个大致了解，所以对站点的介绍是很有必要的。学校网站是为中小学教学而建的，所以将侧重于对学校基本情况及为教师和学生提供教育教学素材，为教师和学生的教学行为提供基本服务功能等方面的介绍。

一份好的需求说明书是进行以下工作的基础，因此要求学校领导和网管把好关，切实把需求说明书写成一份目的明确、内容详实、简明易懂、准确无误的网站建设初稿。

网站总体设计

在写出需求说明书后，并不是直接开始制作，而是需要对网站进行总体规划、详细设计，给出一份网站建设方案。总体规划是非常关键的一步，它主要确定：

（1）网站需要实现哪些功能；

（2）网站开发使用什么软件，在什么样的硬件环境下进行；

（3）需要多少人，多长时间；

（4）需要遵循的规则和标准有哪些。

同时需要写一份总体规划说明书，包括：

①网站的栏目和板块；

②网站的功能和相应的程序；

③网站的链接结构；

④如果有数据库，进行数据库的概念设计；

⑤网站的交互性和用户友好设计。

学校网站的中心任务是为师生的教育教学行为提供必要的服务，因此，在进行网站设计时要对主题有所突出，具体可将整个校园网划分成学校简介、校园公告栏、教师中心、学生中心、网络办公等几个板块。

网站建设方案

在总体设计出来后，一般需要给出一个网站建设方案。网站建设方案的包括以下几个部分：

（1）学校情况分析；

（2）网站需要实现的目的和目标；

（3）网站形象说明；

（4）网站的栏目板块和结构；

（5）网站内容的安排，相互链接关系；

（6）使用软件，硬件和技术分析说明；

（7）开发时间进度表；

（8）维护方案；

（9）制作费用。

当方案得到学校领导和项目组大多数人员的认可后，我们就可以开始动手制作网站了。但还不是真正意义上的制作，需要进行详细设计。

网站详细设计

总体设计阶段以比较抽象概括的方式提出了解决问题的办法，详细设计阶段的任务就是把解决方法具体化。

（1）整体形象设计。

在程序员进行详细设计的同时，网管和美术教师开始设计网站的整体形象和首页。

整体形象设计包括标准字、Logo、标准色彩、广告语等。首页设计包括版面、色彩、图像、动态效果、图标等风格设计，也包括 banner、菜单、标题、版权等模块设计。首页一般可设计 1~3 个不同风格，完成后，供学校领导网站制作组进行选择。

（2）页面风格设计。

模块布局宗旨在于方便访问者浏览，所以首页上面设置一条导航栏，其下是主题动画，在主题动画下设置版内导航条。大致页面布局力求风格统一、内容丰富。

如今的多媒体 Web 网页具有强大的交互功能，多种媒体方式如文字、图片、动画、声音等同时存在。文字是一种简洁有效的媒体，输入方便，处理速度快，适合网速较慢的情况下大面积布局。图片可以给人以较为直观的感受，以及更为感性的认识，其缺点是下载速度慢，在网速慢的情况下不宜大面积运用。

（3）颜色调配设计。

网页制作中页面颜色的调配相当重要，由于由学校美术教师进行整个校园网站的美工工作，我们可以更多采纳美术教师的意见。各板块采用与网站首页同一色系的颜色，整个板块内部也尽量保持风格一致。

考虑到校园网站是教学网站，颜色既要体现出严肃性，又不能过于死板。所以应采用淡雅型的配色方案，避免有大面积色块出现。

（4）网站调试方案。

对于网站调试，尽量采用边制作边调试，即采用本机调试与和上传服务器调试的方法，因为网站在单机和服务器上运行有很大的区别，所以很有可能在上传服务器之后，出现在单机上不能浏览的一系列问题。观察速度、兼容性、交互性等，发现问题及时解决并记录下来。

（5）人员分工。

对于学校网站制作人员的分工，可按照专业对口、分工协作的原则进行，学校领导负责对人员的调度和安排，内容材料的把关；学校网管负责协调各制作人员的工作，解决制作中的技术问题并完成整个网站的调试工作；美术教师是整个网站的美工，对网站的 Logo、版面划分、色彩搭配进行统一规划和制作；各科室人员负责网站制作素材和内容的搜集和整理工作；微机教师负责对素材的处理及各网页的

制作。

开发制作

到这里，各网站制作人员就可以全力进入开发阶段，需要提醒的是，测试人员需要随时测试网页与程序，发现 Bug 立刻记录并反馈修改。不要等到完全制作完毕再测试，这样会浪费大量的时间和精力。学校领导和网管需要协调和沟通各制作人员的工作。

最后，将制作中的有关文档存档，并另行写出一个校园网站使用说明文档。至此，网站项目建设完毕。

10. 学校网站的建设方法与技巧

在包罗万象的网络世界里，要制作一个具有学校特色的网页是需要一定方法与技巧。下面是对学校网页的制作的几点意见。

定位好网站的主题和名称

（1）主题要有特色而且精巧。

定位要有学校特色，内容要精巧。如果想制作一个包罗万象的站点，把所有认为精彩的东西都放在上面，那么往往会事与愿违，给人的感觉是没有主题，没有特色，样样有却样样都很肤浅，因为不可能有那么多的精力去维护它。网络的最大特点就是新和快，目前最热门的主页都是天天更新甚至几小时更新一次。最新的调查结果也显示，网络上的"主题站"比"万全站"更受人们喜爱，就好比专卖店和百货商店，如果我需要买某方面的东西，肯定会选择专卖店。当然学校的网站的更要有学校的特色。

（2）题材要与学校的各个内容有关。

比如：学校的名称、学校的教育教学、学校的机构、学校的活动等等。同时题材的选取也要与所属学校的实际相结合。

首页的设计

在全面考虑好网站的栏目，链接结构和整体风格之后，就可以正式动手制作首页了。有一句俗语："良好的开端是成功的一半。"在网站设计上也是如此，首页的设计是一个网站成功与否的关键。人们往往看到第一页就已经有一个整体的感觉。是不是能够促使浏览者继续点击进入，是否能够吸引浏览者留在站点上，全凭首页的设计。所以，首页的设计和制作是绝对要重视和花心思的。

（1）首页设计方法。

有关首页设计方法大致如下：

①版面布局的窍门；

②色彩的搭配；

③字体的设置和表格的嵌套；

④细微之处见功力；

⑤考虑不同的浏览器和分辨率；

⑥设计好你的 banner 和位置；

⑦标签的重要性。

（2）首页设计步骤

首页，从根本上说就是全站内容的目录，是一个索引。但只是罗列目录显然是不够的，如何设计好一个首页呢？一般的步骤是：

①确定首页的功能模块；

②设计首页的版面；

③处理技术上的细节。

（3）确定首页的功能模块。

首页的内容模块是指你需要在首页上实现的主要内容和功能。一般的站点都需要这样一些模块：网站名称（logo），广告条（banner），主菜单（menu），新闻（what'snew），搜索（search），友情链接

（links），邮件列表（maillist），计数器（count），版权（copyright）.选择哪些模块，实现哪些功能，是否需要添加其他模块都是首页设计首先需要确定的。

（4）设计首页的版面。

在功能模块确定后，开始设计首页的版面。就像搭积木，每个模块是一个单位积木，如何拼搭出一座漂亮的房子，就看你的创意和想象力了。设计版面的最好方法是先将理想中的草图勾勒出来，然后再用网页制作软件来实现。处理技术上的细节制作的主页如何能在不同分辨率下保持不变形，如何能在 IE 和 NC 下看起来都不至于太丑陋，如何设置字体和链接颜色等等，首页设计是整个网站设计的难点和关键，在制作的过程中要处理好各种技术的细节也是非常重要的。

定位好网站的形象

一个杰出的网站，和实体公司一样，也需要整体的形象包装和设计。准确的，有创意的形象设计，对网站的宣传推广有事半功倍的效果。在网站主题和名称定下来之后，需要思考的就是网站的形象。学校的网站形象要具有代表本学校的特色。

（1）设计好网站的标志（logo）。

首先需要设计制作一个网站的标志（logo）。就如同商标一样，logo 是站点特色和内涵的集中体现，看见 logo 就让大家联想起站点。标志可以是中文，英文字母，可以是符号，图案，可以是动物或者人物等等。标志的设计创意来自网站的名称和内容。同时也能非常宣明的代表到学校的标志。

（2）设计网站的标准色彩。

网站给人的第一印象来自视觉冲击，确定网站的标准色彩是相当重要的一步。不同的色彩搭配产生不同的效果，并可能影响到访问者的情绪。"标准色彩"是指能体现网站型象和延伸内涵的色彩。例如：

IBM 的深蓝色，肯德基的红色条型，windows 视窗标志上的红蓝黄绿色块，都使我们觉得很贴切，很和谐。标准色彩要用于网站的标志，标题，主菜单和主色块。给人以整体统一的感觉。至于其它色彩也可以使用，只是作为点缀和衬托，绝不能喧宾夺主。

（3）设计网站的标准字体。

和标准色彩一样，标准字体是指用于标志，标题，主菜单的特有字体。一般我们网页默认的字体是宋体。为了体现站点的"与众不同"和特有风格，我们可以根据需要选择一些特别字体。

（4）设计网站的宣传标语。

也可以说是网站的精神，网站的目标。用一句话甚至一个词来高度概括。以上四方面：标志，色彩，字体，标语，是一个网站树立起形象的关键，确切的说是网站的表面文章，设计并完成这几步，网站将脱胎换骨，整体形象有一个提高。

确定网站的栏目和版块

（1）制作网页应注意的问题。

建立一个网站好比写一篇文章，首先要拟好提纲，文章才能主题明确，层次清晰；也好比造一座高楼，首先要设计好框架图纸，才能使楼房结构合理。网站结构不清晰，目录庞杂，内容东一块西一块。结果不但浏览者看得糊涂，自己扩充和维护网站也相当困难，网站或许就此半途而废，所以，在动手制作网页前，一定要考虑好以下三方面：

①确定栏目和版块；

②确定网站的目录结构和链接结构；

③确定网站的整体风格创意设计。

首先来讨论"确定网站的栏目和版块"。网站的题材确定后，收集和组织了许多相关的资料内容。能否吸引网友们来浏览网站。内容放的位置，好东西在版面上的分布都是至关重要的。栏目的实质是一个网站的大纲索引，索引应该将网站的主体明确显示出来。在制定栏目的时候，要仔细考虑，合理安排。

（2）一般的网站栏目安排要注意以下几方面：

①一定要紧扣主题！一般的做法是：将主题按一定的方法分类并将它们作为网站的主栏目。主题栏目个数在总栏目中要占绝对优势，这样的网站明显的专业，主题突出，容易给人留下深刻印象。

②设一个最近更新或网站指南栏目。这样做是为了照顾常来的访客，让主页更有人性化。

③设定一个可以双向交流的栏目不需要很多，但一定要有。比如论坛，留言本，邮件列表等，可以让浏览者留下他们的信息。

④设一个下载或常见问题回答栏目网络的特点是信息共享。也要设好其他的辅助内容，如关于本站，版权信息等可以不放在主栏目里，以免冲淡主题。

（3）总结以上几点，得出划分栏目需要注意的是：

①尽可能删除与主题无关的栏目

②尽可能将网站最有价值的内容列在栏目上

③尽可能方便访问者的浏览和查询

上面说的是栏目，再看看版块设置。版块比栏目的概念要大一些，每个版块都有自己的栏目。每个版块下面有各有自己的主栏目。根据需要来设置版块，同时应该注意各版块要有相对独立性，各版块要有相互关联和版块的内容要围绕站点主题。

11. 中小学生上网的安全思考

关于网络，我们每个同学应该都不陌生。随着科技的日新月异，资讯的发展，使网络越来越成为我们每个人都要接触到的新的学习和交流工具，所以关于这一章节的大多数问题都具有相当强的互动性，我们每个同学都有自己的心得，我们可以互相交流，使计算机和互联网真正成为对我们生活和学习有益的工具。

首先我们先从网络对于我们自身生活和学习的利与弊谈起。

事实上，网络的信息化特征催生中小学生的现代观念的更新，如学习观念、效率观念、全球意识等。它使中小学生不断接触新事物、新技术，接受新观念的挑战。

除了黄色和暴力网站可能对学生造成伤害外，网络带给中小学生正面的东西远比负面的要多。并且，对于中小学生来说，网络是不可回避的东西，无论你喜不喜欢，它都要注定成为中小学生生活不可或缺的东西，不让中小学生上网，反而对他们的成长不利。

12. 中小学生上网的正面影响

一、开阔视野

因特网是一个信息极其丰富的百科全书式的世界，信息量大，信息交流速度快，自由度强，实现了全球信息共享。

中小学生在网上可以随意获得自己的需求，在网上浏览世界，认识世界，了解世界最新的新闻信息、科技动态，极大地开阔了中小学生的视野，给学习、生活带来了巨大的便利和乐趣。

二、加强对外交流

网络创造了一个虚拟的新世界，在这个新世界里，每一名成员可以超越时空的制约，十分方便地与相识或不相识的人进行联系和交流，讨论共同感兴趣的话题。由于网络交流的"虚拟"性，避免了人们直面交流时的摩擦与伤害，从而为人们情感需求的满足和信息获取提供了崭新的交流场所。

中小学生上网可以进一步扩展对外交流的时空领域，实现交流、交友的自由化。同时现在的中小学生以独生子女为多，在家中比较孤独，从心理上说是最渴望能与人交往的。现实生活中的交往可能会给他们，特别是内向性格的人带来压力，网络给了他们一个新的交往空间和相对宽松、平等的环境。

三、促进个性化发展

世界是丰富多彩的，人的发展也应该是丰富多彩的，因特网就提供了这个无限多样的发展机会的环境。中小学生可以在网上找到自己的发展方向，也可以得到发展的资源和动力。

利用因特网就可以学习、研究乃至创新，这样的学习是最有效率的学习。网上可供学习的知识浩如烟海，这给中小学生进行大跨度的联想和想象提供了十分广阔的领域，为创造性思维不断地输送养料，一些电脑游戏在一定程度上能强化中小学生的逻辑思维能力。

四、拓展受教育的空间

有很多中小学生因为上网而提高了学习成绩，这也是我们上网值得骄傲的一点。因特网上的资源可以帮助中小学生找到合适的学习材料，甚至是合适的学校和教师，这一点已经开始成为现实，如一些著名的网校，提供了求知学习的新渠道。

目前在我国教育资源不能满足需求的情况下，网络提供了求知学习的广阔校园，学习者在任何时间、任何地点都能接受高等教育，学到在校大学生学习的所有课程、修满学分、获得学位。

这对于处在应试教育体制下的中小学生来说无疑是一种最好的解脱，它不但有利于其身心的健康发展，而且有利于家庭乃至于社会的稳定。

五、有助于创新思想教育

利用网络进行德育教育工作，教育者可以以网友的身份和青少年

在网上"毫无顾忌"地进行真实心态的平等交流，这对于德育工作者摸清、摸准青少年的思想并开展正面引导和全方位沟通提供了新的快捷的方法。

此外，由于网络信息的传播具有实时性和交互性的特点，青少年可以同时和多个教育者或教育信息保持快速互动，从而提高思想互动的频率，提高教育效果。

由于网络信息具有可下载性、可储存性等延时性特点，可延长教育者和受教育者思想互动的时间，为青少年提供"全天候"的思想引导和教育。还可以网上相约，网下聚会，实现网上德育工作的滋润和补充，从而及时化解矛盾，起到温暖人心、调动积极性、激发创造力的作用。

13. 中小学生上网的负面影响

一、对于中小学生"三观"形成潜在威胁

中小学生很容易在网络上接触到资本主义的宣传论调、文化思想等，思想处于极度矛盾、混乱中，其人生观、价值观极易发生倾斜，从而滋生全盘西化、享乐主义、拜金主义、崇洋媚外等不良思潮。

由于信息传播的任意性，形形色色的思潮、观念也充斥其间，对于自我监控能力不强、极富好奇心的中小学生具有极大的诱惑力，导致丧失道德规范。同时互联网上信息接受和传播的隐蔽性，使中小学生在网络上极易放纵自己的行为，完全按照自己的意愿来做自己想做的事，忘却了社会责任。

部分中小学生并不认为"网上聊天时说谎是不道德的"，认为"在网上做什么都可以毫无顾忌"等，使得中小学生对自我行为的约束力大大减弱，网上不良行为逐渐增多。

与此同时，由于缺乏规范合理的监管，很多原本规范的语言开始被随意篡改。虽然，颠覆传统并不一定意味着不是进步，但是很多科学的合理的传统依然是社会有序发展的内在规范。

有很多网络语言是被大多数中小学生认同的：比如妹妹叫 mm，哥哥叫 gg，老婆叫 lp，还有其他形形色色的无聊的甚至是毫无意义的词语：沙发、灌水、掐架、斑竹等等，林林总总五花八门，一旦随意使用，势必造成规范的混乱，那就是有害而无益了。

二、对中小学生人际关系的影响

网络改变了中小学生在学习和生活中的人际关系及生活方式。上网使中小学生容易形成一种以自我为中心的生存方式，集体意识淡薄，个人自由主义思潮泛滥。

三、信息垃圾弱化中小学生的思想道德意识

有关专家调查，有一些非法组织或个人在网上发布扰乱政治经济的黑色信息，蛊惑青少年。这种信息垃圾将弱化中小学生思想道德意识，污染青少年心灵，误导青少年行为。

这些不良信息对于身体、心理都正处于发育期，是非辨别能力、自我控制能力和选择能力都比较弱的中小学生来说，难以抵挡不良信息的负面影响。

个别网吧经营者更是抓住中小学生这一特点，包庇、纵容、支持他们登陆色情、暴力网站，使他们沉迷于网上不能自拔。一些中小学生也因此入不敷出，直至走上偷盗、抢劫、强奸、杀人的犯罪道路。

四、网络的隐蔽性，导致中小学生违法犯罪行为增多

一方面，少数中小学生浏览黄色和非法网站，利用虚假身份进行恶意交友、聊天。另一方面网络犯罪增多，例如传播病毒、黑客入侵、通过银行和信用卡盗窃、诈骗等。

这些犯罪主体以中小学生为主，大多数动机单纯，有的甚至是为

了"好玩"、"过瘾"和"显示才华"。另外，有关网络的法律制度不健全也给中小学生违法犯罪以可乘之机。

五、不利于家庭的稳定，从而影响到社会的稳定

部分青少年为了逃避现实的冲突和现实的压力而隐匿在网络中。然而，这种冲突并不是逃避所能解决，当其达到一定的程度还是会爆发，这种冲突的爆发，会导致家庭的不稳定，并且导致原本就存在的代沟问题更加剧烈，而家庭的不稳定进而影响到了社会的稳定。

如震惊全国的北京网吧纵火案的嫌疑犯就是两位未成年青年，长期的生活压力以及得不到家庭的关怀，从而产生了强烈的报复心理，走上了杀人犯罪的道路。

14. 中小学生上网的安全认识

一、网络自身的两面性

网络具有新颖性、互动性、开放性、平等性、虚拟性、超时空性、信息传播的高速性、无限性和复杂性等特征。这些特点既可成为优点，又可成为缺点。如网络的新颖性深深地吸引着人们，甚至使人沉迷其中；网络的开放性、互动性有利于民主的发挥，但也容易带来无序、混乱、危机；网络的虚拟性导致了网络犯罪感的虚无化，进而使网络犯罪增加迅速；网络的超时空性使用户有更多的自主性，也使网络犯罪手段更隐蔽，更难以控制。

网络是有史以来最大的信息库，丰富的网络信息开阔了青少年的眼界，但伴随着信息爆炸、信息污染，各种冗余信息影响了有用信息的清晰度和效用性，网上黄毒是诱发青少年犯罪的重要因素。

二、中小学生的生理心理特性

中小学生好奇心极强而自制力较弱，往往会在网络上通过各种途

径观看在现实中很难看到的暴力、色情信息等来满足他们好奇心及对刺激的渴望，也会沉迷于惊险、刺激的网络游戏中流连忘返。

中小学生个体意识逐步形成，竭力想摆脱家长、教师的管教，自己管理自己。但由于认识水平的限制，他们看问题常常带有明显的表面性和片面性，在缺乏有效引导的情况下，容易受到网络的不良影响。

中小学生性意识已经开始觉醒，对异性充满了好奇与兴趣。有了网络，青少年可以在网上聊天、恋爱，但由于他们比较单纯，没有成年人那样理智和冷静，往往难以控制住自己的激情，以至影响正常的学习、工作和生活，由于被网上恋人拒绝而走向自杀、杀人的也大有人在。

中小学生网络安全观念和自我保护意识不强，对网上鱼目混珠的复杂状况及危险性认识不足，容易上当受骗。

三、社会的复杂性

当今世界许多敌对势力通过网络来与我们争夺新一代，他们在网上散布颠倒是非、混淆黑白的信息，对中小学生产生潜移默化的影响，以达到"西化"、"分化"我们的战略目标，妄图实现"不战而胜"的政治图谋。

中小学生人生观、价值观、道德观还未完全成熟，优秀的民族文化还未在其思想中扎根，对许多观点缺乏辨别能力，整日接触这些信息会出现"西化"的倾向。

黑社会组织通过网络，大肆渲染暴力、恐怖。中小学生喜欢模仿，网络暴力信息极易诱发他们使用暴力的冲动而走向犯罪。

一些邪教组织也通过网络宣扬邪教理念，如散布"法轮功"，致使许多人包括大量的中小学生执迷不悟，危害社会。

四、家庭、学校教育引导不力

家庭和学校教育是中小学生健康成长的关键因素。但当前面对网

络，一些家庭和学校教育引导不力的问题却严重存在着。

许多家长对网络一无所知，却错误地认为上网是学知识，比看电视、玩好多了，而不加任何限制。当出现问题时，家长又强行将孩子与计算机分开，以为那样可以保护孩子免受网络的影响，但结果往往事与愿违。

五、网络控制手段不健全

网络发展带来的社会问题，已引起了世界各国的广泛关注。但由于网络本身所具有的虚拟性、全球性、瞬时性、异地性等特点，对网络社会问题还没有有效的手段加以控制。

在我国，现实社会中常用且有效的道德、法制、管理等手段，在网络社会中也都没有发挥应有的作用。

网络所产生的许多问题，使传统的法律制度显得无能为力。随着网络的发展，针对出现的问题，我国制定了一些法规，但从总体上讲，网络立法还相对滞后，人们的网络法制观念也还很薄弱。

15. 中小学生上网的安全防范

一、中小学生身心发展的原因

中小学生时期是一个非常特殊的阶段，从小学进入初中、高中阶段，其身心发展起了重大的变化。

这些变化使中小学生产生了成人感，出现了强烈的独立性需要。这些身心发展特点就势必导致了他们容易受网上信息的干扰。

二、互联网本身的原因

互联网具有全球性、互动性、信息资源及表现形式丰富和使用方便等特点，这为以盈利为目的色情服务业提供了难得的营业场所。

这些网站为吸引顾客，往往在主页上张贴色情图片，使任何在网上冲浪的人有意无意地就能看到，中小学生当然也不例外。心智尚未成熟的中小学生一旦接触这些内容，受到的影响可想而知。

国家对网络公共信息安全曾经进行了大规模的整治，但是仍然有不良网站为吸引客户大打黄色暴力牌，一些网站的登录首页就会自动弹出有关色情、赌博、暴力的宣传。

一方面在直观上造成对学生好奇心理的特别吸引；另一方面，这些网站本身就是以赢利为目的诱惑学生花钱来浏览这些不健康的内容；更有甚者，有一部分网站甚至直接将一些不健康内容恶意捆绑（就是我们通常所说的流氓软件），如果我们稍不留神，或者缺乏对网络安全知识的把握，很轻易就会被这些不良商家钻了空子。

三、家长和学校的原因

当今社会，中小学生家长将大量的时间放在了工作上，很少有大人陪伴的中小学生用上网来消磨时间。学校作为中小学生最为集中并接受教育的场所，是中小学生受教育中的最重要一环。但是有的学校忽视对学生的网络道德教育，忽视我们的传统教育往往回避的青春期教育问题，导致中小学生缺乏正确的引导和网络道德意识。

网络的普及是社会发展的一个必然趋势，这就要求家长或者教师也要跟上这种发展趋势。除了适应社会的进步环境之外，另外一个原因就是保持跟孩子和学生的正常沟通不会脱节。

很多学生开始上网游戏仅仅是出于好奇，在好奇到沉迷这个阶段里，如果恰好有人给予正确的引导和疏通，很多悲剧是可以在萌芽之前避免的。

另外由于中小学生个性成长的需要，他们在沟通的时候更喜欢以他们自己认可的感兴趣的方式与人交流，这种情况下，如果我们家长和老师缺乏对相关网络知识的掌握的话，很可能就会被学生拒之门外，同时，这也意味着把他们自己推到了一个危险的环境之中，一旦形成

恶果，追悔莫及。

四、社会的原因

目前网吧经营竞争激烈，致使一些业户出于营利目的，不顾法律和道德，投中小学生好奇心之所好，专搞不正当竞争。同时通信、公安、文化和工商在对网吧的管理上应协调一致，"三证"不全的网吧要坚决取缔。

很多网吧中都有虚拟装备和虚拟财产的出售服务，这在一定程度上为中小学生沉迷网络的行为创造了方便条件，我们的真金白银哗哗地流进经营者的口袋，宝贵的时间和精力也同时消耗在无意义的沉迷之中。

套用一句大家都知道的俗话说就是：受伤的总是我们。而真正的获益者，是那些开网吧的经营者。他们对我们所受的伤害不承担一点责任，从这个意义上讲，这也是我们沉迷网络的悲哀。

16. 中小学生上网的安全教育

一、加强网络基础设施建设，加大网络普及力度

网络的发展已经成为不可阻挡的时代潮流，因此，我们必须紧跟世界进步潮流，充分发挥网络对中小学生健康成长的积极作用。

首先，搞好网络基础设施建设。为此，要充分发挥政府、社会和企业"三驾马车"的作用，全面规划，统一建设标准，采用先进的信息网络技术整合现有资源，实现网络由单点应用向"相互共享、共同应用、互联互动"多点应用的根本转变。

其次，加大中小学校园网建设。中小学生在逐步走向成熟的过程中，摄取知识、学习做人的大部分时间都是在校园中度过的。因此，我们要为他们在校园里提供一个良好的网络环境，建设高质量的校园网。

为此，要保证大中小学校计算机的配置数量；解决好校园网络硬件设施建设问题；正确处理好硬件、软件和潜件的关系，立足于功能与效益的发挥，在"用"字上下功夫，认真实施"校校通"工程。

二、尽快建立一批适合青少年浏览的网站

互联网上的网站浩如烟海，各式各样的网站都在努力吸引中小学生的注意力，形形色色的网站都有他们忠实的"网虫"。有人曾经把互联网的竞争称为"争夺眼球的战争"。为了中小学生的健康成长，我们必须牢牢掌握网上育人的主动权。

首先，建设一批适合中小学生浏览的网站，全面推进"中小学生绿色上网工程"。

其次，在网上广泛开展各种有意义的、丰富多彩的活动。比如，我们可以开展网上作文大擂台，让广大中小学生参与作文比擂；开展网上论坛，对近期跟青少年有关的话题进行讨论；开展网上活动建设方案征集活动，让中小学生参与建设网站等等。

三、加强对中小学生信息素养的培育

信息素养是处在信息时代的青少年应当具备的基本素质。加强对青少年信息素养的培育，应注重培养五种能力：

1. 快捷、高效地获取信息的能力。
2. 科学认识、评价信息的能力。
3. 吸收、积累和运用信息的能力。
4. 驾驭信息和创新的能力。
5. 遵守网络道德规范的能力。

四、加强网上信息资源的开发和利用

为了中小学生能够有效利用网络，在网络社会中健康成长。我们必须切实把青少年网上信息资源建设放在突出位置，投入大成本搞教

育信息资源开发，综合多媒体、数据库、网络、人工智能等技术，建设中国教育信息资源的"航母"。

与此同时，要充分发动广大教师开发青少年的学习资源。

17. 中小学生网络交往的特点

一、开放性与多元性

网络化的交往超越了时空限制，消除了"这里"和"那里"的界限，拓展了人际交往和人际关系，使人际关系更具开放性。"电子社区"的诞生，使得居住在不同地方的人，都可以"在一起"交往和娱乐。同时，交往范围的不断扩大，必然会使人们的各种社会关系向多元化和复杂化方向发展。

二、自主性与随意性

网络中的每一个成员可以最大限度地参与信息的制造和传播，这就使网络成员几乎没有外在约束，而更多地具有自主性。同时，网络是基于资源共享、互惠互利的目的建立起来的，网民有权利决定自己干什么、怎么干，但由于缺乏必要的约束机制，网民必须"自己管理自己"，因此，有的人会在网上放纵自己、任意说谎、伤害他人，有的人甚至会扮演多种角色，在网上与他人进行虚假的交往，从而造成网上交往极大的随意性。

三、间接性与广泛性

网络改变人际交往方式，突出的一点，就是它使人与人面对面、互动式的交流变成了人与机器之间的交流，带有明显的间接性。这种间接性也决定了网络交流的广泛性。过去，时空局限一直是人们进行更广泛交往的主要障碍，而在网络社会，这一障碍已不复存在，只要你愿意，在网上可以与任何人直接"对话"。

四、非现实性与匿名性

网络社会的人际交往和人际关系的定义，已经突破了传统人际交往和人际关系的内涵。在网上，人们可以"匿名进入"，网民之间一般不发生面对面的直接接触，这就使得网络人际交往比较容易突破年龄、性别、相貌、健康状况、社会地位、身份、背景等传统因素的制约。

部分网民在网上交际时，经常扮演与自己实际身份和性格特点相差十分悬殊甚至截然相反的虚拟角色。比如，五尺壮汉可以将自己伪装成妙龄少女，与其他网民共演爱情悲喜剧；一旦"坏了名声"，又可以很方便地改名换姓，以新的面目出现。在这种情况下，很多网民往往会面临网上网下判若两人的角色差异和角色冲突，极易出现心理危机，甚至产生双重或多重人格障碍。

五、平等性

由于网络没有中心，没有直接的领导和管理结构，没有等级和特权，每个网民都有可能成为中心，因此，人与人之间的联系和交往趋于平等，个体的平等意识和权利意识也进一步加强。人们可以利用网络所特有的交互功能，互相交流、制造和使用各种信息资源，进行人际沟通。

尽管"数字鸿沟"仍然存在，许多"信息边远地区"的人们，根本没有机会参与到网络人际互动中来，但总体而言，平等性仍是网络人际关系的主要特征。

六、失范性

网络世界的发展，开拓了人际交往的新领域，也形成了相应的规范。除了一些技术性规则（如文件传输协议、互联协议等），网络行为同其它社会行为一样，也需要道德规范和原则，因此出现了一些基本的"乡规民约"，如电子函件使用的语言格式、在线交谈应有的礼

仪等。

但从现有情况看，大多数网络规则仅仅限于伦理道德，而用于约束网络人际交往具体行为的规范尚不健全，且缺乏可操作性和有效的控制手段。这就容易造成网络传播的无序和失范。事实上，网络社会充满竞争、冲突，时不时还会发生犯罪活动，这就需要有一定的社会道德、法律规范来调整网络人际关系，以维护正常的网络秩序。

七、人际情感的疏远

网络的全球性和发达的信息传递手段，使人与人之间的交往没有了空间障碍，同时也使现实社会中人与人之间的情感更加疏远。虽然网上虚拟交往可以帮助人们解脱一时的现实烦恼，找到一时的寄托，却不能真正满足活生生的人的情感需要，而有些人由于过分沉溺于虚拟的世界，往往会对现实生活产生更大的疏离感。

八、信任危机

网络虚拟化的人际交往方式，使得许多网民往往抱着游戏的心态参与网上交往，致使网上的信任危机甚于现实社会。与此同时，一些网民在现实生活中遇到挫折时，又会采取"宁信机，不信人"的态度，沉溺于"虚拟时空"，不愿直面现实生活。

网络是一把双刃剑，它既可以为人们带来便捷、高质量的社会生活，也会造成巨大的负面效应。这就提出了一个问题：如何处理和调适网上人际关系？解决这一问题，需要综合考察科学技术与生产力、人与社会等各种因素，把克服技术负效应与克服人自身的局限同时并举。

首先，确立具有普遍意义的网络人际交往规范，既要保持网络运行的自由、通畅，又要防止交往者彼此之间的行为越轨，造成过度侵害；其次，加强网络伦理建设，对网络技术给予更多的道德关怀，不应听任信息社会的道德无序；第三，制定、完善维系网络人际交往秩序的相关法规，打击网络犯罪；第四，加强对计算机介入的人际交流和人机协作的心理学研究，利用网络普及心理健康知识；第五，加强网络教育和控制，凸显网络所特有的合作和奉献精神；第六，利用网络特有的"虚拟群体"环境，帮助网络参与者体验社会多重角色，建立新型的社会关系。

18. 学生网络十条安全规则

第一条：在网上，不要给出能确定身份的信息，包括：家庭地址、学校名称、家庭电话号码、密码、父母身份、家庭经济状况等信息。如需要给出，一定要征询父母意见或好朋友的意见，没有他们的同意最好不要公布，如果公布要让父母或好朋友知道。

第二条：不要自己单独去与网上认识的朋友会面。如果认为非常有必要会面，则到公共场所，并且要父母或好朋友（年龄较大的朋友）陪同。

第三条：如果遇到带有脏话、攻击性、淫秽、威胁、暴力等使你感到不舒服的信件或信息，请不要回答或反驳，但要马上告诉父母或通知服务商。

第四条：未经过父母的同意，不向网上发送自己的照片。

第五条：记住，任何人在网上都可以匿名或改变性别等。一个给你写信的"12 岁女孩"可能是一个 40 岁的先生。

第六条：记住，你在网上读到的任何信息都可能不是真的。

第七条：当你单独在家时，不要允许网上认识的朋友来访问你。

第八条：经常与父母沟通，让父母了解自己在网上的所作所为。如果父母实在对计算机或互联网不感兴趣，也要让自己的可靠的朋友了解，并能经常交流使用互联网的经验。

第九条：控制自己使用网络的时间。在不影响自己正常生活、学习的情况下使用网络。最好平时用较少的时间进行网络通信等，在节假日可集中使用。

第十条：切不可将网络（或电子游戏）当作一种精神寄托。尤其是在现实生活中受挫的青少年，不能只依靠网络来缓解压力或焦虑。应该在成年人或朋友的帮助下，勇敢地面对现实生活。

19. 中小学生网络基本常识入门

一、网络

计算机网络是指处于不同地理位置的多台具有独立功能的计算机系统通过通信设备和通信介质互连起来，并以功能完善的网络软件进行管理并实现网络资源共享和信息传递的系统。

二、IP 地址

在 Internet 上有千百万台主机，为了区分这些主机，人们给每台主机都分配了一个专门的地址，称为 IP 地址。例如 *218. 30. 21. 39* 就是一个 IP 地址。

三、域名

Internet 域名是 Internet 网络上的一个服务器或一个网络系统的名字，在全世界，没有重复的域名。域名的形式是以若干个英文字母或数字组成，由"."分隔成几部分，如 *163. com*、*sina. com* 就是域名。

四、网址

网址和域名大致上没有什么区别，以 baidu 为例，通常我们说域名就是 baidu. com，网址就是 http：//www. baidu. com。

五、服务器

服务器是计算机的一种，它是网络上一种为客户端计算机提供各种服务的高性能的计算机，它在网络操作系统的控制下，将与其相连的硬盘、磁带、打印机、Modem 及昂贵的专用通讯设备提供给网络上的客户站点共享，也能为网络用户提供集中计算、信息发表及数据管理等服务。

六、域名解析

域名解析就是域名到 IP 地址的转换过程。机器间互相只认 IP 地址，为了简单好记，采用域名来代替 IP 地址标识站点地址，需要域名和 IP 地址是一一对应的，域名的解析工作由 DNS 服务器完成，整个过程是自动进行的。

域名解析也叫域名指向、服务器设置、域名配置以及反向 IP 登记等等，就是把由主机名，如 www，字母，数字以及连字符等等构成的网址解析成 32 位的 IP 地址，如 202.100.222.10，或把网址指向网址等。

七、URL

URL（UniformResourceLocator：统一资源定位器）是 WWW 页的地址，它从左到右由上述部分组成：Internet 资源类型（schenme）：指出 WWW 客户程序用来操作的工具。如 "http：//" 表示 WWW 服务器 "ftp：//" 表示 FTP 服务器," gopher：//表示 Gopher 服务器，而 "new："表示 Newgroup 新闻组。服务器地址（host）：指出 WWW 页所在的服务器域名。端口（port）：有时（并非总是这样），对某些资源的访问来说，需给出相应的服务器提供端口号。路径（path）：指明服务器上某资源的位置（其格式与 DOS 系统中的格式一样，通常有目录/子目录/文件名这样结构组成）。与端口一样路径并非总是需要的。URL 地址格式排列为：scheme：//host：port/path 例如：//www.sohu.com/domain/HXWZ 就是一个典型的 URL 地址。

八、域名指向

地址转向即将一个域名指向到另外一个已存在的站点，域名指向可能这个站点原有的域名或网址是比较复杂难记的。

九、泛域名解析

泛域名解析定义为：客户的域名 a.com，之下所设的 *.a.com 全部解析到同一个 IP 地址上去。比如客户设 b.a.com 就会自己自动解析到与 a.com 同一个 IP 地址上去，显示的是跟 a.com 一样的页面。

它和域名解析有什么区别呢？泛域名解析是 *.域名解析到同一个 IP。而域名解析是子域名.域名解析到同一个 IP。

注意：只有客户的空间是独立的 IP 时候泛域名才有意义，而域名解析则没有此要求。

十、动态 IP 和固定 IP

固定 IP 地址是长期固定分配给一台计算机使用的 IP 地址，一般是特殊的服务器才拥有固定 IP 地址。通过 Modem 和电话线上网等的机子不具备固定 IP 地址，而是由 ISP 动态分配暂时的一个 IP 地址。普通人一般不需要去了解动态 IP 地址，这些都是计算机系统自动完成的。

十一、URL 服务指向

URL 指向是当您已经有了现成的网页，并希望将新注册的域名指到已经有的网页去，以省去了重新设立网页的烦恼。举个例来说：如果您现在在 CHINAREN 的主页那里已拥有了 http://yourdomain.home.chinaren.com 网页且正在运作，您也同时要将相同的内容放 www.yourdomain.cc 里。那么，您只需将域名转接到下面这个网址就可以了，yourdomain.home.chinaren.com。

十二、域名和网址的区别

域名是 Internet 上用来寻找网站所用的名字，是 Internet 上的重要

标识，相当于主机的门牌号码，在全世界，没有重复的域名。企业上网的第一步就是要为自己的公司申请域名。例如：中央电视台的域名是 www. cctv. com，山石科技的域名是 www. 30t. com，这也就是我们常说的网址。域名是互联网上一个企业或机构的名字，又称企业网上商标。

国际域名（以 . com、. net 结尾的域名；）和国内域名（以 . cn 结尾的域名）。国际域名又分为国际英文域名（如：www. 30t. net；www. 163. com）和国际中文域名（如：新浪. com）。国内域名也分为国内英文域名（如：www. sina. com. cn）和国内中文域名（如：www. 龙城. com. cn 或 www. 龙城. cn）。

依照规定，域名后缀代表的业务或服务性质如下：. com 用于商业性的机构或公司；. net 用于从事 Internet 相关的网络服务的机构或公司；. org 用于非盈利的组织、团体；个人通常用 . com。

域名由各国文字的特定字符集、英文字母、数字及 "–"（即连字符或减号）任意组合而成，但开头及结尾均不能含有 "–"。域名中字母不分大小写。域名最长可达 67 个字节（包括后缀 . com、. net、. org 等）。例如：your – name. com 即是一个合格的域名，而 www. your – name. com 是域名 your – name. com 下名为 www 的主机名。

十三、域名在网站开通前必须要备案

互联网信息服务管理办法规定：为规范互联网信息服务活动，促进互联网信息服务健康有序发展，根据国务院令第 292 号《互联网信息服务管理办法》及信息产业部令第 33 号《非经营性互联网信息服务备案管理办法》规定，国家对经营性互联网信息服务实行许可制度，对非经营性互联网信息服务实行备案制度。未取得许可或未履行备案手续的，不得从事互联网信息服务，否则属于违法行为。

有关部门要求，网站接入者必须履行 "先备案，后开通" 的原则，否则将对接入者一并处罚。为了您的网站的正常运营，保护您自身的合法权益，请立即提交网站备案申请（www. miibeian. gov. cn），备案不会收取任何费用。

20. 中小学生使用互联网的特征

一、上网地点

58.8% 的中小学生用户在家里上网，31.5% 的用户在亲戚朋友家上网，在网吧、咖啡厅或电子游戏厅上网的占 20.45%，在父母或他人办公室上网的占 15.0%，在学校上网的占 10.8%。

二、上网时间和对上网时间的满意度估计

中小学生用户平均每周上网时间 212 分钟左右，如果平均到每日，约 30 分钟左右。37.0% 的用户认为自己上网时间"正好"，认为"比较多还能满足"的用户占 12.0%，认为"太多了"的仅为 0.7%。31.7% 的用户认为"比较少"，18.5% 的中小学生用户认为"太少了"。也就是说，50% 的中小学生用户对上网时间并不满足。

三、互联网功能的使用

玩游戏占 62%；使用聊天室占 54.5%；收发电子邮件占 48.6%；下载储存网页占 39.7%；使用搜索引擎占 25.0%；订阅新闻占 21.9%；网络电话占 14.7%；网上寻呼占 14.3%；制作和更新个人网页占 12.6%；上传文件占 9.4%；公告板（BBS）占 9.2%；代理服务器占 2.3%。

四、用户和非用户对互联网的需求

用户选择"获得更多的新闻"为最重要的需求的比例最高，其均值为 3.81（满分为 5 分，以下同）。以下依次是："满足个人爱好"为

3.74；"提高课程的学习效率"为3.71；"课外学习和研究有兴趣的问题"为3.67；"结交新朋友"为3.65。最不重要的需求是"享受成年人的自由"，均值为2.81。

21. 中小学生使用互联网的标准

一、远离黄色、暴力的网络

电脑网络对中小学生心理发展及心理健康的影响是双重的，有消极影响更有积极影响，关键在于学校、家庭、社会如何进一步发挥电脑网络积极的心理效应，控制和减少其消极作用，这是面临的一个全新课题。我们根据调查的数据和结果提出如下建议：

二、遵守网络道德规范，养成上网的良好习惯

中小学生不要沉浸于网上聊天、游戏等虚拟世界，不浏览、制作、转播不健康信息，不使用侮辱、谩骂语言聊天，不轻易和不曾相识的网友约会，尽量看一些和自己的日常学习生活有益的东西，并且一定要注意保持自制力；在上网之前，最好能拟个小计划，把要做的事情先写下来，一件一件地去做。中小学生要在学校和家长的教育下，在感性与理性认识相结合中学会五个拒绝：一是拒绝不健康心理的形成；二是拒绝网络侵害；三是拒绝不良癖好、不良行为；四是拒绝黄色、暴力的毒害；五是拒绝进入未成年人不应该进入的网吧。总之，中小学生要自觉遵守互联网道德规范，自觉抵制不良网络信息的侵蚀。

22. 正确引导中小学生使用互联网

一、家长要积极主动关心孩子，正确引导上网

作为家长一定要关心自己孩子的学习和生活情况，避免学生在不

被父母知道的情况下私自去网吧上网。另外部分中小学生往往在家中使用互联网，家长应该对网络有一定的认识，要正确引导孩子上网的目的，同时也要关心孩子到底看些什么，学到了什么，并且要和孩子一起学习、交流、成长。

心理咨询实践表明，许多家庭教育失败的原因，就是家长与孩子之间缺乏有效的沟通。家长与孩子上网，可以提供两代人交往探讨的话题，共同上网，查找信息，评论是非这就是一个实施家庭教育的好机会。家长要有超前意识，不断学习，提高自己各方面的修养和能力，争取成为自己子女最佩服的人。

加强对孩子上网监管，更是每个家长责无旁贷的事情，严格控制孩子的上网内容、上网时间，只有这样，才能充分发挥网络的作用，既借助网络帮助中小学生成才，又消除它的负面影响。同时父母应该加大对孩子的网络安全教育，加强与学校的信息沟通，避免孩子在家或在网吧登陆不良网站，以免受到网络侵害或引发违法犯罪。

二、学校要加强中小学生全面素质教育

学校是法制教育的主要渠道，要加强对学生的思想道德与遵纪守法及网络自护的教育，丰富学生的课余文化生活；各学校的法制校长和德育教师要结合学生实际，在学生中以专题讲座等形式开展网络法制教育，并组织专题讨论。

充分考虑中小学生的身心特点，以生动活泼的形式开展理想信念教育，使他们坚定走社会主义道路的信心，树立起正确的人生现、世界观、价值观，增强他们道德判断能力，指导他们学会选择，识别良莠，提高自我约束、自我保护能力，鼓励他们进行网络道德创新，提高个人修养，养成道德自律。同时有条件的学校还可以建立校园网吧，提供学生安全健康的上网环境。

三、建立适合中小学生的绿色网站，占领网络前沿

目前，形形色色的网站很多，但健康、具有教育功能的网站缺少点击率。因此，需要加强网络工作的队伍建设，努力建设一支既具有较高的思想道德修养、了解熟悉中小学生心理特点、思想情况，又了解网络文化特点，能比较有效地掌握网络技术的队伍，建设一批能吸引中小学生"眼球"的绿色网站。

在网上进行生动活泼的教育，弘扬主旋律。适合中小学生身心发展的网站，用主旋律和喜闻乐见、深入浅出的内容吸引中小学生、凝聚中小学生，生活在信息高速路上的一代中小学生就一定能够茁壮、健康地成长起来。

23．中小学生文明上网公约

在我们建设和谐社会、和谐学校、和谐课堂的今天，互联网技术得到迅速普及并逐步渗透到学习、生活的各个领域，互联网带给我们大量信息，也拓宽了我们交往的渠道，网络已成为学习知识、交流思想、休闲娱乐的重要平台。

随着互联网时代的到来，越来越多的青少年成为"网民"。网络在给我们生活带来方便的同时，不良资讯、长时间上网也危害着我们的身心健康。

个别网站存在着传播不健康信息、刊载格调低下的图片、提供不文明声讯服务，甚至传播暴力文化及严重危害社会的内容，使青少年人生观、价值观、道德观受到侵蚀，身心受到摧残，行为失范。

营造健康文明的网络文化环境，清除不健康信息已成为社会的共同呼唤、家长的强烈要求和保障未成年人健康成长的迫切需要。为使网络成为传播先进文化的阵地、虚拟社区的和谐家园，广大青少年上

网时应共同遵守如下条约。

一、端正思想

树立正确的荣辱观，抵制腐朽思想的侵害，接受科学进步的思想。坚决贯彻、落实胡锦涛总书记提出的以"八荣八耻"为主要内容的社会主义荣辱观，以传播弘扬热爱祖国、服务人民、崇尚科学、辛勤劳动、团结互助、诚实守信、遵纪守法、艰苦奋斗的内容为荣，努力营造健康向上的网上舆论氛围。

二、营造文明

争做《全国青少年网络文明公约》的实践者，营造文明、安全的网络环境。要自觉远离网吧，不利用网络煽动闹事、拨弄是非、造谣生事；不在网络上冒名顶替、诬蔑欺骗；不散布虚假言论，不轻信网上流言。

三、清扫"垃圾"

共同维护文明网络环境，共同清扫网络垃圾。不制造和传播网络病毒，维护网络安全，不在网上宣传色情、迷信、暴力的内容，不在网上谩骂、攻击他人，注意文明用语，自觉抵制不文明行为。

四、正义上进

文明上网，上文明网，上安全网，做有正义感、责任感、上进心的网民。要增强自护意识，不随便约见网友；牢记学生身份，只撷取有益的信息和资料，自觉遵守网络公德，争当新时代的好青年、好少年。

青少年是祖国的未来和希望，是最具科技意识和创新能力的一代，青少年是网络活动中的主体，我们要从现在做起，从自我做起，自尊、自律、自强，上文明网，文明上网，让网络伴随我们健康成长。

五、全国中小学生网络文明公约口诀

要善于网上学习，不浏览不良信息。

要诚实友好交流，不侮辱欺诈他人。

要增强自护意识，不随意约会网友。

要维护网络安全，不破坏网络秩序。

要有益身心健康，不沉溺虚拟时空。

24. 中小学生上网要防"四害"

未来的世界是网络世界，中小学生作为 21 世纪的主人，掌握相关的网络知识十分必要。然而，网络又是个繁杂的"社会"，为此，中小学生上网要防止网上不良倾向的侵害。

防止上网综合症

网络是个无限大的虚拟世界，很容易让人上瘾，长期迷恋网络，会形成网络综合症。

中小学生由于自控力差，对网络的迷恋程度更高。

据报道，一位连续 24 小时"泡"在网上的中学生因出现思维障碍而被迫送往医院治疗。该学生已有两年网龄，经常上网"冲浪"，出事时仍坐在电脑前。心理咨询专家说，"网络性心理障碍"患者的人数正在上升，且治疗十分困难，我国目前对此还处于探索阶段。网络综合症发作时，患者全身打颤、痉挛、摔物品，同时表现为健忘、头痛、脾气暴躁，注意力不能集中等。这些病人未上网时，手指头还会出现敲打键盘的动作，甚至失去自制力，一到电脑前就废寝忘食。在美、日、英等发达国家，上网综合症已经成为严重的社会问题。美国有个典型的例子，充分说明了网络综合症的严重：有个少年"网虫"在网上漫游得茶饭不思，父母没有办法只得给他配备了轮椅，以便开饭时能强行将其从电脑旁"推"开。他的手指总是不停地动着，仿佛要让想象中的鼠标移动似的。他只是为了活下去才睡觉和吃东西，除此之外，他从不离开自己的屏幕。

在国内，中小学生上网热正在形成。然而，由于家庭和学校对学生上网缺乏正确的引导，要么不准上网，要么放任不管，加上网吧以谋利为目的，放纵中小学生上网。致使一些小学生染上网络综合症，应当引起人们广泛关注。

警惕"黄色"污染

一些人利用 Internet 无国界、超控制的弱点，把"黄色"弥漫到世界的各个角落，以至于有泛滥成灾的势头。这种不健康信息再网上泛滥的最严重后果之一，就是使未成年人过早地接触到还不适合他们了解的信息。虽然这些网站一般声明访问者必须到一定年龄才能阅读其网站内容，但并没有一种有效措施来保证儿童不接触到这些色情信息。很多家长不会电脑操作就难以控制和禁止孩子访问黄色站点。另外，目前网吧普及率高，有的学生在课余时间甚至逃学到网吧，进入不健康站点，这不仅严重毒害学生的心灵，还扰乱了学校周边的秩序。

要防止中小学生受到黄色污染，首先是家长和学校要对中小学生进行正确的引导和教育；第二是中小学生上网要主动拒绝黄色污染；第三是要通过技术手段阻止黄色污染的传播，比如设立"防火墙"等；第四是尽量不要让中小学生独自一人上网。

当心错交网友

据调查，目前中小学生上网的目的，多是为了聊天交友。笔者对一家网吧进行过跟踪调查，发现每天来上网的人中有近一半是中小学生，他们上网后，查找信息、浏览新闻的很少，全都聚精会神地在网上聊天。由于网络的虚拟性，给了中小学生相对大的自由度，一些学生不能控制自己言行，很容易交错网友。由于目前网民年龄的低龄化，有一些不法分子就利用这群追求时尚的小"网迷"们不成熟的心理进行情感欺骗，有的甚至是犯罪。

中小学生应慎交网友，首先是在网上不要把自己的真实住所轻易告诉网友；第二是不能把自己的家庭和经济情况告诉网友；第三是不要轻信网友的情况；第四是不要与网友轻易会面。

力戒道德缺损

随着网络经济、网络社会的不断扩展，网络道德也引起人们的重视。在发达国家的一些"网虫"中，他们完全把网络看作是自己生活的全部，他们可以没有家庭、可以辞去满意的工作，可以抛弃身边的亲人，但他们决不能没有网络；一些对网络一往情深者，特别是一些青少年，甚至发展到为了上网而放弃上学。这不仅将导致其家庭及社会价值观的改变，而且将严重影响其良好道德人格的形成。

网络对中小学生的不良影响主要表现在：首先是丧失责任。很多网迷对网络过于迷恋，他们除了上网，对其它什么也不感兴趣，尤其是一些中小学生为此而逃学，甚至犯罪。第二是信息欺诈。由于人们多是以不真实的身份上网聊天、交友，使网络出现了越来越多的虚假信息，这在一定程度上使中小学生受到了不良道德的影响。第三是吸取了网上不道德和不健康的东西。第四是危害公共信息安全。在一些中小学生中，不乏电脑奇才，他们一旦失去了法律的约束，就可以给网络安全带来了不利影响。比如制造病毒、充当黑客等。时下，方兴未艾的网上慈善救助、扶贫赈灾、互联互学就是人们通过道德自律，提升人的思想境界，构造网络道德环境。

网络是个大世界，中小学生上网要鼓励、要支持，但中小学生应提高鉴别能力，以适应网络的发展并获取积极的信息，有关部门也应对此给予高度重视。

第四章

学校电脑室的建设

1. 学生使用电脑要注意

一、键盘是个"垃圾场"

在日常工作过程中，很多人可能没有意识到经常使用的键盘有可能引发疾病。

首先，键盘是个"垃圾场"，里面有灰尘、头发、汗毛、眼睫毛等等。据统计，这类污垢平均以每月 2 克的速度堆积。除此之外，键盘表面上还覆盖着大量细菌，如链球菌、金黄色葡萄球菌、烟曲霉等等。

二、辐射对身体的危害不容忽视

英国一项研究证实，电脑屏幕发出的低频辐射与磁场，会导致 7~19 种病症，包括眼睛痒、颈背痛、短暂失去记忆、暴躁及抑郁等。有的出现眼睛痒、干燥和酸涩，眼睛只是处于功能性损伤的阶段，但是如果这时还不注意保护眼睛，使眼睛继续长期处于干燥的状态，就会引起角膜上皮细胞的脱落，造成器质性的损伤，使症状进一步恶化，严重影响视力颈部肌肉、软组织长时间紧张或者损伤造成的"颈背综合症"，如果治疗不及时，颈背综合征会发展为颈椎病。

长期从事与电脑工作有关的女性比一般非电脑工作从业人员患乳癌的危险性要高出 43%。这是台湾的一项调查研究显示的，台湾目前约有电脑 300 多万台，且从事电脑工作的大多是女性。如果长期在电脑前工作，会增加乳癌的患病机会；停经前的女性又比停经后的女性患乳癌的几率高。职业女性在生殖健康受到损害后，主要表现为月经紊乱、妊娠高血压综合征、绝经期提前、生育力下降、自然流产、新生儿低体重、先天畸形甚至胎儿死亡。

三、电脑辐射最强的部位

电脑辐射最强的是背面，其次为左右两侧，屏幕的正面反而辐射最弱。所以尽量别让屏幕的背面朝着有人的地方，距离以能看清楚字为准，至少也要 50 厘米到 75 厘米的距离，这样可以减少电磁辐射的伤害。

四、如何使辐射的危害降到最低

（1）避免长时间连续操作电脑，注意中间休息。要保持一个最适当的姿势，眼睛与屏幕的距离应在 40～50 厘米，使双眼平视或轻度向下注视荧光屏。

（2）室内要保持良好的工作环境，如舒适的温度、清洁的空气、合适的阴离子浓度和臭氧浓度等。

（3）电脑室内光线要适宜，不可过亮或过暗，避免光线直接照射在荧光屏上而产生干扰光线。工作室要保持通风干爽。

（4）电脑的荧光屏上要使用滤色镜，以减轻视疲劳。最好使用玻璃或高质量的塑料滤光器。

（5）安装防护装置，削弱电磁辐射的强度。

（6）注意保持皮肤清洁。电脑荧光屏表面存在着大量静电，其集聚的灰尘可转射到脸部和手部皮肤裸露处，时间久了，易发生斑疹、色素沉着，严重者甚至会引起皮肤病变等。

（7）注意补充营养。电脑操作者在荧光屏前工作时间过长，视网膜上的视紫红质会被消耗掉，而视紫红质主要由维生素 A 合成。因此，电脑操作者应多吃些胡萝卜、白菜、豆芽、豆腐、红枣、橘子以及牛奶、鸡蛋、动物肝脏、瘦肉等食物，以补充人体内维生素 A 和蛋白质。而多饮些茶，茶叶中的茶多酚等活性物质会有利于吸收与抵抗放射性物质。

2. 学生网页浏览要注意

浏览网页是上网时做的最多的一件事，通过对各个网站的浏览，可以掌握大量的信息，丰富自己的知识、经验，但同时也会遇到一些尴尬的情况。

（1）在浏览网页时，尽量选择合法网站。互联网上的各种网站数以亿计，网页的内容五花八门，绝大部分内容是健康的，但许多非法网站为达到其自身的目的，不择手段，利用人们好奇、歪曲的心理，放置一些不健康、甚至是反动的内容。合法网站则在内容的安排和设置上大都是健康的、有益的。

（2）不要浏览色情网站。大多数的国家都把色情网站列为非法网站，在我国则更是扫黄打非的对象，浏览色情网站，会给自己的身心健康造成伤害，长此以往还会导致走向性犯罪的道路。

（3）浏览 BBS 等虚拟社区时，有些人喜欢在网上发表言论，有的人喜欢发表一些带有攻击性的言论，或者反动、迷信的内容。有的人是好奇，有的人是在网上打抱不平，这些容易造成自己 IP 地址泄露，受到他人的攻击，更主要的是稍不注意会触犯法律。

［典型案例 1］2001 年 6 月，某大学一男同学王某，跟随一女同学进入卫生间，偷窥女生的隐私，被当场抓获。后经该学校保卫部门处理时，其交待自己长期以来在网上浏览色情图片，产生强烈的好奇心，一时冲动就做出了这种事情。

［典型案例 2］2002 年某大学一男同学事先躲藏在女卫生间里，用镜子折射的办法偷窥女生隐私，被当场抓获。后经讯问得知，该男同学经常浏览色情网站，观看女性裸体图片等内容，对女性的隐私产生强烈的好奇心，以致发展到一种心理性障碍。

以上案例反映了大学生青春期心理健康与自我调整和在上网时注

意浏览网络内容的问题。青春期的男女都想更多地了解异性，这本身通过青春期教育可以获得此方面的知识，但一些大学生却热衷于浏览黄色网站来寻求刺激，接受一些不正当的内容，再按照自己想入非非的想法去做，其实这些都是畸形心理障碍，严重的会触犯国家法律，是要受到制裁的。

色情网站对处于青春期的大学生有较强的吸引力，同时也具有很强的腐蚀作用。其本身就是国家限制打击的对象，浏览色情网站会给自己的身心健康造成伤害，甚至会使一些人走向性犯罪的道路。

3. 电脑系统保护要注意

（1）尽量不要下载个人站点的程序，防止该程序感染病毒或者带有可能篡改个人电脑程序的后门。

（2）不要运行不熟悉的可执行文件，尤其是一些看似有趣的小游戏。

（3）不要随便将陌生人加入 QQ 或者 MSN 等的好友列表，不要随便接受他们的聊天请求，避免遭受端口攻击。

（4）不要随便打开陌生人发来的邮件附件，防止该邮件是一段恶意代码。

（5）不要浏览一些可疑文件或者另类的站点，防止浏览器的许多漏洞使恶意的网页编辑者读出使用者机器上的敏感文件。

4. 电脑程序保护要注意

安装电脑系统程序的需要注意以下几点：

（1）显卡驱动：安装好显卡驱动后没调整显示器的刷新率，使得显示器工作在默认刷新率 60HZ。长时间使用会使人头晕，眼睛酸胀，

视力下降等所以，请在安装好显卡驱动后别忘记调整一下显示器的刷新率，一般 15 寸 CRT 调整为 800X600 75 ~ 85HZ，17 寸 CRT 为 1024X768 75 ~ 85HZ，当显示器调整到 75HZ 以上时，眼睛几乎察觉不到显示器在闪烁。

不过请不要随意把显示器的刷新率调整到 85HZ 以上，如果你的显示器性能一般的话，很容易烧毁显象管。所以，在最好再安装一下显示器驱动。如果是 LCD 显示器，则不要超过 75HZ，因为 LCD 和 CRT 的成像方式不同，CRT 是不段刷新画面来使得显示器成像的，而 LCD 只要改变发光颗粒就能使显示器中的画面动起来，所以刷新率的高低对 LCD 显示器无任何影响，也不会让人产生疲劳。

（2）声卡驱动：现在很多电脑都使用 AC97 规范的集成声卡。但有些主板的驱动做的不够到位，需要用户自己手动安装声卡驱动。很多朋友在光盘中分不清楚自己该安装哪个，可以右击我的电脑—属性—硬件—设备管理器—声音，视频和游戏设备，选择更新驱动—从列表或指定范围，选择的范围是光驱，再指定光盘中的 dirver—sound 文件夹就可以了，这样比自动搜索驱动安装的成功率和正确性要高。

（3）检查电脑的硬件驱动是否全部安装，或是否正确安装，可以右击我的电脑—属性—硬件—设备管理器，看一下电脑的各项硬件是否全部安装到位，如果设备有问题的话，那该设备前会有一个黄色的问号或惊叹号。

（4）操作系统和硬件驱动安装后请不要立即让电脑连接到网络，FTTB 用户在重新安装系统时最好能拔掉 FTTB 线！因为 FTTB 不需要用拨号软件就能让电脑自动连接到网络中，这样会使得刚新装好的系统再次感染到病毒！这样重装好的系统就前功尽弃了！所以，在重新安装操作系统后请先安装防火墙及杀毒软件，再让电脑连接到网络中，一旦电脑连接到了网络，就立刻让防火墙及杀毒软件升级，下载最新的病毒库文件，使得你新安装的操作系统能受到保护。

而 XP，2000 用户请在杀毒软件没升级时，不要打开 IE 浏览器，这样会感染冲击波和震荡波这两种病毒，您当然不想电脑刚装好系统就出现那个令人生厌的系统自动关闭倒记。

（5）如果系统感染病毒，最好不要只格式化 C 盘，因为病毒也可能存在于硬盘的其他分区中，如果是这样，你只格式化 C 盘，安装操作系统，那 C 盘中新的系统很可能再次被硬盘其他分区中的病毒所感染，导致系统再次崩溃。

5. 预防电脑游戏导致的疾病

玩游戏是大多数中小学生喜欢做的事情。游戏带给我们快乐的同时，也会带来一些不好的影响。

避免时间过长对视力的影响

玩游戏每隔一定时间就要休息一下，闭目养神，或转移视线，使眼睛得到调节。一些中小学生儿童遇到自己喜欢的游戏就沉迷其间，长期下去势必伤害眼睛。长时间玩游戏，由于精力过度集中，导致大脑疲劳，没有精神，还会使眼睛调节负担加重，导致近视。距离电脑太近或太远，都会使眼部调节作用明显减弱，加重眼睛疲劳，很容易导致近视。

预防电子游戏导致的癫痫

由于视觉受到刺激后引起脑神经细胞过度兴奋而导致的癫痫发作。发作时患者出现全身痉挛、意识丧失、大小便失禁等症状。构成这种癫痫发作的视觉刺激因素包括：耀眼的阳光反射光、迪斯科舞厅的步闪灯光、乘坐快速旋转的大型游乐玩具时看到的四周景物、彩色电视画面以及电子游戏等。

预防电子游戏导致的高血压

中小学生沉溺于电子游戏，大脑和中枢神经还处于发育不完善时

期，容易兴奋和疲劳，长时间受到电子游戏的刺激，会使大脑皮层兴奋和抑制失衡，引起内分泌功能失调进而导致血压升高。

有关研究机构经过广泛跟踪调查，证明电子游戏与诱发性儿童高血压有密切关系。经过测量儿童在玩电子游戏前、中、后的血压变化发现，经常玩游戏的儿童紧张性高血压的比例远高于其他儿童；儿童玩游戏时血压升高的幅度远超过成年人玩同类游戏时的血压升高幅度；而父母患有高血压或心脏病的儿童玩游戏时比那些父母血压正常的儿童的血压升高得更快更多。

轻度儿童高血压虽然在相当长时间内可能会无任何症状，但它能慢慢地损害血管、心脏、肾脏和大脑，患病儿童绝大多数在成年后会被高血压病所困扰，如造成心血管疾病、脑缺血、肾脏损害、糖尿病，甚至失明，也有人在没有任何不适的情况下出现血管堵塞、破裂或心脏病突发而猝死。

专家告诫家长，玩电子游戏机是中小学生高血压的一种诱因，不能不引起人们的重视。让孩子玩电子游戏应当适度适量，一次玩游戏的时间不要超过3小时，尤其是患有高血压的家长对子女更应注意。如果孩子在玩游戏后出现了头痛、头晕、抽搐、呕吐、眼花、呼吸费力等症状，很有可能是属于儿童高血压，应及时就医。青少年早期高血压，一般只要休息几个小时就能缓解，但若长期反复发作，那就成了真正的高血压病人了。

6. 预防网络的怪异"症状"

认知上的"快餐——硬结"症

对于众多步履匆忙的青少年而言，互联网好比知识快餐一样，大大激发了他们急于求知的强烈欲望，在鼠标轻点之间就能立刻在浩如

烟海的信息海洋中找到自己所需的信息，从而大大提高了单位时间里的学习、工作效率。而对网上各种时髦展品，他们在好奇心、求知欲驱使下流连忘返，从不审视、怀疑它的构造成分和运转功效，整个大脑于囫囵吞枣之际成了一个受动而麻木的机器，致使许多硬结不但吞噬着青年人本应充满活力和主见的青春大脑，而且阻塞着他们对真知的探索。

情感上的"狂泻——冷漠"症

对于那些至今尚未完全摆脱父权主义、顺应主义教育的青年来说，虽然在现实中其情感表露总要受到他人及社会的左右，但他们身上被压抑的诸多情感却可以在网络世界中肆意暴发。上网交友、网上聊天、在 BBS 中高谈阔论成了人们忘记权威压制、排遣孤独，宣泄不满的畅通渠道。只是我们观察到，尽管互联网在一定程度上有助于青年缓解压力、平衡心理、但过多虚拟的网上情感交流无疑让许多青年在放飞情感的同时，总想试图将自己真实的情感深埋心底，不愿向真实世界坦露，并懒得与活生生的人进行情感交流。生活中，这些人沉默寡言、不善言谈、不为世间情感所动，显出一副冷漠姿态。互联网成了一部分人面对现实情感世界的心灵之锁。

意志上的"自主——膨胀"症

在互联网这一无人管理的区域内，人们往往能够以己为中心，以己需要为尺度，完全按自己的个人意志自主地利用网上资源、自主地在游戏中扮演各类角色、自主地设计令人惊叹的"小制作"、"小发明"等等，这种无拘无束，随心所欲的意志自主表现虽然在相当程度上利于个性的张扬。但我们也为一部分人在极度的意志自主中其"唯我独尊、唯我是大"的意志膨胀表现所震惊：一些人仅仅是为了显示自己的个性，总想通过自己的意志自主表现而一鸣惊人，于是在互联网上随意制造思想和议论的巨大泡沫，甚至为了达到让世人把他当主角的目的而不惜作出损害别人数据、破坏他人网站，侵入别人系统等过激行为，以至酿发可怕的阻塞网络交通的网络地震。

7. 预防网络鼠标综合症

"鼠标综合症"是电脑族出现后的又一个新兴医学名词。青少年网络游戏迷或那些在工作中必须使用计算机的人每天重复在键盘上打字和移动鼠标，即易引起"鼠标综合症"，又叫"腕管综合征"，俗称"鼠标手"。

鼠标综合症的主要症状表现为正中神经分布部位出现感觉异常（主要是拇指、食指、中指掌侧），随症状加重，患者会在夜间出现疼痛和感觉异常，如果症状持续发展，可使正中神经进一步损害，引起皮肤感觉缺失和鱼际肌肌力减退，对指活动乏力，晚期可有鱼际肌萎缩。腕部掌侧韧带和腕骨形成的腕管中有正中神经穿过，当腕部处于背屈状态时，腕部伸肌产生的力作用于韧带，从而压迫腕管中的正中神经。

为了预防"鼠标综合症"，平时应养成良好的坐姿，不论工作或休息，都应该注意手和手腕的姿势。使用电脑时身体应正对着键盘，避免手腕过度弯曲紧绷；把椅子调整到最舒适的高度，坐下时使双脚能正好平放在地面；保持手腕伸直，不要弯曲，但也不要过度伸展；肘关节成 90 度；此外，要注意间断休息，做做手指关节的伸展活动，还可以让手泡个"热水澡"。具体应注意以下几点：

一、不要在电脑前工作时间过长

使用多种不同的输入方法，不连续在电脑前工作过长的时间，若连续使用鼠标在一个小时之后就需要做一做放松手部的活动。鼠标综合症属于"累积性创伤失调"症，病情较轻者可采用药物或使用腕背

屈位夹板法治疗。病情较重者可施行腕管切开术。

二、不将鼠标放在桌面上

医生发现，鼠标的位置越高，对手腕的损伤越大；鼠标的距离距身体越远，对肩的损伤越大。因此，鼠标应该放在一个稍低位置，这个位置相当于坐姿情况下，上臂与地面垂直时肘部的高度。键盘的位置也应该和这个差不多。很多电脑桌都没有鼠标的专用位置，这样把鼠标放在桌面上长期工作，对人的损害不言而喻。

鼠标和身体的距离也会因为鼠标放在桌上而拉大，这方面的受力长期由肩肘负担，这也是导致颈肩腕综合征的原因之一。上臂和前身夹角保持 45 度以下的时候，身体和鼠标的距离比较合适，如太远了，前臂将带着上臂和肩一同前倾，会造成关节、肌肉的持续紧张。

三、升高转椅预防"鼠标手"

如果调节鼠标位置很困难，可以把键盘和鼠标都放到桌面上，然后把转椅升高。桌面相对降低，也就缩短了身体和桌面之间的距离。

用科学的方法放置鼠标，会大大降低"鼠标手"的发病几率，让每一名常坐在电脑前的青少年和上班族轻松、愉快地处理好自己的学习和工作。

"鼠标综合症"的治疗，手腕可用热疗、按摩及充分休息 3 周左右，特别要减少引起疾病的手工劳动。采用舒筋活络中药进行薰洗，也有一定的效果。局部封闭治疗，可使早期"鼠标综合症"得到缓解，每周封闭一次，连续三次。上述方法治疗无效或反复发作时，应做腕管切开手术，可在腕关节镜下得到微创治疗。

8. 预防网络成瘾综合症

青少年的网络成瘾综合症是一种心理障碍，不仅不利于个体的健

康发展，还成为一种日益严重的社会问题。它的形成既有网络传播特性的原因，也有个体自身人格缺陷和现实社会生活压力的原因。

网络是一把双刃剑，我们在享受它带来的便捷、高效的同时，也应充分认识到它的负面影响。目前全球2亿多网民中，约有1140万人患有某种形式的网络心理障碍，约占网民人数的6%左右。这部分人在网上的冲浪体验中逐渐形成了一种对网络的心理依赖，随着每次上网时间的不断延长，这种依赖越来越强烈。这种不自主的强迫性现象已被称为"网络成瘾综合症"。

一、网络成瘾综合症的形成

"网络成瘾综合症"的主要表现，就是因为过分依赖网络，而失去对现实生活的兴趣。其最明显的症状有：在网络上工作时间失控，长时间使用网络以获得心理满足；为了达到自我满足，不惜增加网上停留时间，试图减少操作时间但难以自控；对家人和朋友隐瞒自己是"网虫"；有人因陷得太深而不能自拔，最终走上自杀的道路。

网络成瘾的原因是多方面的。网络传播的特点，使它比物理世界的人际传播更轻松。网络使用者人格中的某些缺陷，使他们更易沉迷于网络。现实生活压力过大，导致一些人沉溺于网络，在虚拟空间里寻求安慰和减压。社会形态转型时期，生活中的未知变量太多，如工作上的失落、社会交往挫折、科技进步带来的伦理难题等，压力骤增。人们迫切需要一个宣泄减压的宽松环境。网络成瘾实际上是暴露了目前现实社会存在的问题，把网络成瘾的症结完全归于网络的使用者，是不够全面的。

那些内向敏感、现实人际交往困难的人，易沉迷于网络。例如一位女孩说："在网上，我会主动与我不认识的男孩说话，这在现实中几乎不可能。"所以，提高他们的现实交流沟通能力，重塑自信是摆脱"瘾症"的治本之途。

二、网络成瘾综合症的预防

首先必须合理安排时间，鼓励他们积极参加其他活动，多与人交往，注意与亲友、领导同事的关系；其次给予相应的现实生活方面的指导，如对人际沟通上有障碍的使用者，给予交流沟通技巧方面的指导，让其体验到真实人际交往的成功，从而帮助他们重建自信。总之，要让网络成瘾者融入、适应现实的社会生活。毕竟，人不能只活在电脑和网络的世界中，它们只是生活的一部分。

心理学家对网络使用者及其家属还提出以下建议以预防"网络成瘾综合症"的发生：

严格控制上网的时间，一天不宜超过 8 小时。

每天应抽出 2-3 小时与家人和同事进行现实交流。

一旦发现有"网络成瘾综合症"的各种症状出现，家属要强行限定患者上网的时间并积极寻求心理咨询和药物治疗。

9. 预防网络病毒及安全

网络病毒通过计算机网络传播感染网络中的所有可执行文件。针对日益增多的网络犯罪，我们应该提高警惕，增强个人网络安全防范意识：

（1）学习、掌握必要的网络安全防范知识，增强网络安全防患意识。

（2）个人电脑要安装正版杀毒软件和防火墙，并及时升级。

（3）使用他人的文件要先杀毒，不要与人共享文件夹，这是很危险的传播途径。

（4）经常检查系统安全漏洞，及时给漏洞打上补丁。只从原厂官方网站上下载公布的补丁程序，切忌从其他来源下载补丁程序。

（5）不打开不明电子邮件；不登录淫秽、色情网站，不登录可疑网站，不要点击不明邮件中的链接。

（6）聊天信息中的链接，要先向好友确认，以防感染病毒。

（7）网上下载的文件经过杀毒扫描后再打开；双击附件前，用防毒软件扫描。

（8）将重要的文件和资料集中起来，伪装后加密保存。

（9）计算机操作过程中以及上网过程中产生的历史记录。Cookies等要及时清理。

（10）网上个人密码的设置不要太过简单，并且要经常更换。

（11）不要随便在网上下载免费软件，可能会带有病毒或木马程序，如要下载尽量到官方网站下载；支持正版音乐，不随便下载 MP3。

（12）摄像头不用时最好断开与计算机的连接，计算机关掉后要断掉电源，以防被黑客或非法安装的自动程序打开。

（13）发现有"黑客"入侵或被远程控制应及时向公安机关报案。

（14）尽量避免使用"点对点"交换文件，这已成为病毒的目标，传播速度更加迅速。

（15）常用杀毒软件查杀病毒。

小真喜欢上网聊天，几乎天天都打开摄像头挂在网上。2006 年 11 月的一天，男友跑来告诉她，她换衣服的录像和照片被人公布在一个论坛上。男友和发布照片的人取得了联系，对方索要 600 元。

两天后，男友将 600 元人民币汇给发帖人。收到钱后，对方表示已把小真的裸照删除了。那个陌生人到底是如何获得这些录像和图片的呢？小真百思不得其解。是不是电脑被"黑客"远程控制了，对方偷偷拍下了她换衣服的视频。小真打开杀毒软件准备查杀，桌面上却突然跳出一个小框框，上写："不要杀毒，杀毒就找不到我了，照片还在我手上！"由于害怕"黑客"会继续把自己的裸照乱贴，小真不敢轻举妄动。

小真平时使用电脑的时候，该"黑客"不时会跳出来，在她电脑上留下一两句话。一次，"黑客"还将她的裸照发给她网上的朋友。还有几次，她怎么也无法登录自己的，"黑客'打了一句话来说："不用费工夫了，我已经把密码给改了。"小真的裸照被挂在网上的事传出后，各种流言蜚语纷纷袭来，小真的心灵受到极大的伤害。

2007 年 1 月 27 日，受"黑客"骚扰长达 3 个多月的小真，打电话到当地早报热线寻求帮助。记者建议她立刻报警。可小真心有疑虑，无法下定报警的决心。她重装了电脑，想挣脱"黑客"的魔爪。1 月 30 日，她重新申请了一个新的，废弃了原来的。没想到，她的新号接到旧号发来的一条信息："只要你给完剩下的几百元，我就把照片删了。"很明显，这信息又是那个"黑客"发过来的。小真被折磨得痛苦不堪，最后选择报警。

上网时，要保证所使用的计算机安装有升级过的杀毒及防火墙系统，并且经过检查确认计算机内不存在木马病毒，系统也不存在任何安全漏洞。要保管好个人的重要信息，可以加密的尽量加密后保存，有些资料最好不要直接保存在电脑里，可保存在专用的优盘或移动硬盘上。

10. 预防网络暴力的毒害

青少年沉迷于网络暴力等不良网络活动，已成为日益突出的社会难题，诱发了大量未成年人犯罪案件，是当前未成年人犯罪预防的新课题。

网络暴力内容的泛滥，加剧了未成年人犯罪的状况，使犯罪种类、手段、后果不断变化。20 世纪 80 年代，青少年犯罪多表现为一般盗窃、打架斗殴、寻衅滋事等犯罪行为。到 90 年代末，青少年犯罪向结伙抢劫、重大盗窃、杀人等方面发展，甚至出现持刀杀人、持械抢劫、报复放火等严重犯罪，犯罪性质明显恶化。

一、网络暴力的形成

由于未成年人长期玩飙车、砍杀、爆破、枪战等以"攻击、打斗、暴力、色情"为主要内容的暴力游戏，接触火爆刺激的内容，很容易使他们模糊道德认知，淡化游戏虚拟与现实生活的差异，误认为这种通过伤害他人而达到目的的方式是合理的。一旦形成这种错误观点，他们便会不择手段地模仿欺诈、偷盗，甚至模仿对他人施暴的行为，不但会在网上，甚至会在现实生活中发生。

此外，据犯罪心理学分析，少年性机能渐渐发育成熟，但往往性道德观念的形成却落后于性机能发育的成熟，色情文化的污染最容易使这个时期的少年放肆地追求性刺激，再加上少年本身喜欢模仿，好奇心强，易受暗示，在外界强烈刺激的作用下，很容易产生犯罪动机，从而走上违法犯罪的道路。

网上色情文化污染，是导致未成年人性犯罪的直接诱因。北京市未成年犯管教所关押的一名 15 岁的少年犯，因伙同另外两名少年轮奸少女，被依法判处重刑。追根溯源，是他 10 岁就开始看有色情内容的图书，看色情内容的音像制品。

近年来，黑网吧等不适宜未成年人进入的场所，诱发了许多刑事案件，应引起我们的高度重视，有关部门应出台整顿、治理、监督网吧和电子游艺厅的严格管理条例，并制定有效的监督办法和惩罚措施，严令执行。

二、青少年痴迷网络的原因

家庭、学校、社会是未成年人成长影响因素的三个不同层面。每个"网络少年"从好奇到接触、沉迷网络色情暴力等不健康信息，大都受到了不良家庭环境、学校教育环境及社会环境的影响。

不良的家庭环境，是未成年人走上犯罪道路的重要因素，是他们

走进并沉迷网络色情暴力的首要原因。在被调查的 *100* 名未成年犯家庭中，家庭成员文化素质普遍较低，相应的是未成年犯本人文化程度也不高（其中小学 *6* 人，初中 *76* 人，高中 *5* 人，职高 *13* 人）。在这些家庭成员中曾被拘留、劳教、判刑的占 *23%*。我们分析，以下 *4* 种有缺陷的家庭环境容易导致未成年人陷入网络色情暴力中不能自拔：

第一种是溺爱型家庭。此类家庭在被调查者中占半数以上。家庭条件优越，对孩子过分溺爱，使他们从小养成了任性、自私、蛮横的性格，极易发展形成不良的偏好，使之逐渐滑向违法犯罪的偏激之路。

第二种是失和型家庭。在被调查的 *100* 名未成年犯中，父母离异的有 *29%*，继亲家庭 *7%*，合计 *36%*。与此相关，2003 年，海淀法院少年法庭受理的未成年刑事案件中，来自单亲家庭占少年犯总数的 *26.4%*，来自继亲家庭占少年犯总数的 *6.3%*，来自婚姻动荡家庭占少年犯总数的 *25.2%*，三者相加为 *57.9%*。我们经常读到一些未成年犯家长写来的信，这些痛苦不堪的父母追悔莫及，如果他们能给予孩子和睦幸福的家庭环境，教孩子从小心存善良，就绝不会等到孩子迈入铁窗才痛心疾首。

第三种是打骂型家庭。在调查的 *100* 名未成年犯中，家庭教育方式采取打骂体罚的竟然占 *23%*。由疼爱变成打骂好比一张纸的表和里，使父母对孩子的爱变成了对孩子的恨，可能造成孩子心理的畸形发展。从长远来看，对孩子健全人格的形成极为不利，往往会在孩子进入青春期后爆发出来。

第四种是放任型家庭。我国预防未成年人犯罪法规定：不得让不满 *16* 周岁的未成年人脱离监护单独居住。但是被调查的 *100* 名未成年犯中，脱离监护单独居住的占 *9%*。大多数的少年虽与父母（或其中一方）共同生活，但父母对他们思想上的变化并不了解，有的家长对孩子只养不教，不依法履行监护职责，对不良行为视而不见，忽视和孩子心灵上的沟通与交流，缺乏家庭温暖的孩子们很容易被网络的花

花世界所诱惑，最终蜕变为"问题少年"，被诱惑犯罪。

学校教育失衡是导致在校学生犯罪的客观原因之一，也是造成大量学生网民的重要原因。此次被调查的100名未成年犯中，在校学生占56%。此前，海淀法院2002年也做过一个统计，在校学生犯罪占未成年人犯罪总数的42%。

从某种意义来说，中、小学教育存在重智育轻德育、法制教育薄弱等问题，如有极个别学校及教师，对品行有缺点、学习成绩差的学生，采取歧视性措施，不尊重未成年学生受教育的权利，将有缺点的学生哄出校门。被逼到社会游荡的学生，只能把游戏厅、网吧、歌舞厅等场所作为最后的归宿。

某抢劫案的两个未成年犯，均16岁，是本市某职业高中一年级的学生。因不好好学习，功课经常不及格，以致影响班级的整体成绩，老师决定对他们进行罚款：主科不及格，罚人民币300元；副科不及格，罚款人民币200元。两人均有主科和副科不及格的课程，又不敢将此事告诉家长，他们思来想去，终于想出一个弄钱的办法，就是深夜到大宾馆附近去抢劫卖淫小姐。

他们第一次就抢得人民币数千元和一部手机，以后连续多次行抢，最终被判处有期徒刑。在被调查的100名未成年犯中，学习成绩优良的有5人，中等的有21人，成绩较差的是多数，有74人。问卷显示，当这些学生学习成绩不好或有违纪行为时，认为老师能够耐心教育的仅有48人，不管不问的13人，当众羞辱的13人，劝其退学的26人。

社会关注不够也是未成年人痴迷网络的原因之一。随着未成年人的生理及心理日趋早熟，而相应的基础教育却相对滞后，尤其是对未成年人性知识、人生价值观教育不够、不当，使未成年人总是充满性神秘感和对武侠英雄的盲目崇拜。网站经营者社会责任太弱，导致网络不良风气的蔓延，更使未成年人过早的陷入网络色情、暴力等不良信息所编织的无形陷阱中，迈出了违法犯罪前的第一步。

三、消除和抵御网络"毒品"

消除毒害未成年人的网络暴力，关系到国家的稳定和社会的长治久安，关系到千家万户的幸福和安宁，是预防未成年人犯罪的重要一环，需要举全社会之力，共同构筑未成年人的良好成长环境。

全社会应将青少年的网络权益保护纳入未成年人犯罪预防法律中，强调对未成年人的教育和保护，让家庭、学校和社会各自明确自己的职责和法律责任，共同预防和减少未成年人犯罪的发生。

将"未成年犯管教所"建成法制教育基地。将未成年犯管教所建成法制教育基地，有组织地让学生、家长、教师"走进来"，让未成年犯感觉到社会各界对他们的关爱，调动一切积极因素对少年犯进行教育，使其深刻认识犯罪行为给社会、给他人、给自己造成的危害，从而告别过去，走向新生。

净化社会环境，建立绿色网吧。应当强化《互联网上网服务营业场所管理条例》的落实，严格执行未成年人不得进入营业性网吧，中小学校周围 200 米内不得设置网吧的规定。青少年上网吧进入不健康网站，一个很重要的原因是没有他们喜闻乐见的网站内容可以吸引他们，建议启用更多的绿色网站过滤那些不健康的内容，并在教育资源的软件开发上下功夫，将一些精彩的青少年电视节目搬到网上。在内容上留住青少年，比单纯的"堵"、"禁"更为治本。利用网络学习知识是一件好事，学校也应该提供更健康、更便利的网络环境，为青少年创建更多的、健康的绿色网吧。

改革教育方法，强化学校和教师预防未成年人犯罪的责任，抵制网络不良信息的侵蚀。改进教育质量评价制度，让所有的中小学校都将学校的法制教育成果与校长的工作业绩挂钩。强化教师的职业道德意识，鼓励教师关心和帮助"问题少年"，培养先进典型，开展正面宣传。让法律知识进课本，聘请法制校长。向未成年犯发放的 100 张

问卷中，在"你对大家的忠告是什么？"这一问题上，绝大多数少年回答的是：学法知法，遵纪守法。

据管教人员介绍，绝大多数未成年犯是缘于法制观念淡薄而犯罪的，他们希望学校能设置法制教育课，将法律知识深入浅出融入课堂教学中，建立学分制，并对学生进行考核。

建议中小学校应当聘请法制工作者，担任学校专职或者兼职法制校长，并制定法制校长的职责，法制校长有责任将学校教育和社会法制教育结合起来，逐渐探索一条适合未成年人特点的法制教育制度。

建立全市统一的家长学校，强化父母对未成年子女的有效监护。父母必须有效承担起对子女的监护责任。对孩子的监护、教育，既要着重从生活上加强，也要根据孩子的个性、智力等不同情况，因人而异，有针对性地、科学地进行，要做到这一点，就离不开对孩子的深入观察和了解，对容易产生违法犯罪的问题予以有效地控制并及时消除，把问题消灭在萌芽状态，以求取得良好的监护效果。不能对子女放任不管，杜绝出现让未成年子女单独居住的现象。

现阶段未成年人的父母大都成长在文革时期，其对孩子的成长规律和科学教子的方法还跟不上，重智育、轻德育等问题还普遍存在。现在各地成立了各种家长学校，在普及家教经验方面取得了明显的成效，涌现出了许多教子成功的父母。

如何整合社会资源，联合各地的家长学校，在全市成立统一的家长学校（可设在市妇联），利用广播、电视等各种宣传媒体，开展系统化、制度化的家庭教育，根据孩子的生理、心理的成长规律，传授如何进行道德教育、情感教育、心理健康教育、法制教育等科学教子的经验。

11. 预防网络色情的毒害

网络色情是通过网络传播色情毒害青少年的一种色情形式，与传统的色情制造、传播相比，网络色情相比具有如下一些特点：

一、网络色情的特点

（1）广泛性与集中性

在网络这个虚拟空间，储藏着大量的色情内容，既有文字的信息，也有图片信息。很多站点或网页可以说是图文并茂。各种色情站点或网页之间存在千丝万缕的联系，链接非常方便。在网络上要找到世界各国不同民族、不同语言的色情信息并不是难事。

（2）匿名性

网络的匿名性仅仅是相对而言的，实际上连接网络的任何一台计算机都可以通过 IP 地址找到使用者。只是实际做起来比较困难，因为要通过各种相关部门甚至跨国界的配合才可能成功。

在现实生活中，可能迫于道德或法律的威慑，一些人对色情内容或色情服务可能会有所顾忌。但网络的匿名性，使得一些网民尤其是青少年网民禁不住网络色情的诱惑，铤而走险，或者向他人提供色情服务，或者迫使他人为自己提供色情服务。网络的匿名性一方面为各种提供色情服务的个人或团伙提供了极大的便利，另一方面也为一些涉世不深的青少年网民提供了一张面具，做出各种在现实生活中不可能做出的举动。可以说，正是网络的匿名性使得网络色情得以像瘟疫般地得到繁衍、传播。

（3）开放性与互动性

网络是跨地域、国界的，不受时空阻隔。网络的互动性、参与性非常强。只要连接网络，就可以阅读到各种各样的色情文字、欣赏形

形色色的色情图片、电影，参与各种怪异的性游戏。而这一切都可以是匿名的。网络的开放性与互动性意味着网络色情不再是一种单纯的性幻想，在很多方面与真实的性交往具有相似性。

（4）监管的困难性

互联网自诞生之初就缺乏一个强有力的机构对它所提供的信息进行有效的监督。加上由于各国文化、法律的差异，对色情内容的界定存在很大的不同，使得网络色情的监管非常困难。如在某个国家遭到禁止的色情信息依然可能通过其他国家的服务器或网络使这些色情信息流传到该国。可以不夸张地说，目前网络色情还处于放任自流的状态，监管起来还有很大的困难。

二、网络传播的方式

网络色情的传播方式多种多样。大致可以概括为六类：

（1）色情图片

这是网上最常见、也是最猖獗的色情传播方式。这些色情图片是网络上人们接触到的最多的、刺激最强的色情内容。一些青少年除正常的使用网络技术、信息外，一个主要的目的就是浏览这类色情图片。这类色情图片对人的感官刺激非常明显。

（2）色情文字

一些网站或网页以大量的露骨的性描述作为主要的内容。这些内容在成年人看来，都会眼红耳热。而且这类以色情文字为主要内容的网站，在设计网页方面非常老道，网站上的内容、文件下载起来非常方便。

（3）色情录像

随着多媒体尤其是视音频技术的发展，色情录像成为网络色情传播的重要方式。这些色情录像以数字化压缩的方式将动态画面和声音以数百倍的效率压缩到很小的存储字节，可以方便地从网上直接在线

播放或下载后以离线的方式播放。

（4）网上色情交流

这种网上色情交流对一些青少年可能更具有吸引力。主要在于这种交流具有很高的参与性、不可预知性及神秘性。网上色情交流的场所主要是以性爱话题为主的网上聊天室或新闻组。在国内很多的网站（包括一些个人网站），不管是有名还是无名的，都可以发现以性爱为主题的聊天室。所聊的内容充斥着性的挑逗与肮脏的性交易。

（5）网上色情广告

这种传播方式主要是通过网络推销色情产品。如各种与性生活有关的产品以及传统形式上的录像带、影碟、光盘等。目前国内一些网站就打着"健康"的旗号，在网站上兜售这类色情产品。

（6）色情电子邮件

一些色情图片、文字通过电子邮件的方式对用户进行侵入与骚扰。如果说前面五种传播方式是青少年自主行为的话，色情电子邮件则完全是网络色情制造者、传播者对网络用户的恶意侵害。

三、网络色情对青少年的危害

上述网络色情对青少年的危害具体表现在以下方面：

（1）影响青少年网民的学业或工作

迷恋网络色情对青少年最直接、最明显的影响是荒废他们正常的学业或工作。根据中国互联网信息中心的调查，网络用户平均每周上网时间达到 8.5 小时。个人的精力、时间是有限的，把大量的精力、时间浪费在网络聊天室必然会影响青少年的学业或工作。

（2）扭曲青少年的身心健康甚至走向性犯罪

网络色情提供大量的色情图片与文字，而其中的很多图片与文字宣扬的是各种畸形的性行为如性变态、同性恋、恋童癖、乱伦等。不论是青少年主动寻求还是被动接受这类信息，对他们形成正确的性观念、性行为都会产生冲击。

更为严重的是，一些打着"健康"旗号的网站传授的所谓"性知识"错误百出，根本就不具有科学性与严谨性。长期接受这些畸形的、错误的信息对青少年的身心健康的塑造、发展会产生破坏性的影响。

一些自制力差、意志薄弱的青少年禁不住诱惑，铤而走险，从此走向性犯罪的深渊。媒体已披露过多起青少年学生因长期迷恋网络色情而不能自拔，最终走向性犯罪的案例。

（3）危及青少年的人身安全甚至性命

一些有组织的色情制造、传播者利用网络聊天室诱骗青少年提供各种有偿的性服务（为别人或为自己），不仅是明目张胆的犯罪，而且对青少年的人身安全甚至是性命构成了直接的威胁。在南方某省就发生一起犯罪团伙利用网络聊天室诱骗女性青少年卖淫的恶性事件。而一些个人犯罪分子则利用聊天室与青少年网友进行"网恋"、"网婚"，时机成熟时约请见面。网络色情对执迷不悟的青少年的人身安全构成了直接的威胁，一些青少年甚至付出了生命的代价。

四、网络色情的预防

那么，青少年应该怎样防范网络色情的毒害呢？我们认为，整个社会应该共同行动起来，旗帜鲜明地对网络色情进行坚决的打击与取缔。具体做法如下：

（1）政府职能部门要加强对网络色情的监督与打击的力度

与对传统的纸质、音像方面的色情制品的打击相比，政府职能部门对网络色情的打击力度明显不足。这种情况，一方面与政府职能部门对网络色情危害性的认识不足有关，另一方面也与前面提到的网络监管困难有关。政府职能部门一定要把监督与打击网络色情作为一项长期的工作来抓，对色情制造、传播团伙及个人进行严厉的惩罚。

（2）整个社会必须联合起来，共同打击网络色情

打击网络色情决不仅仅是政府职能部门与法律的事情，它和每一个人都息息相关。网络色情的跨时空特点可能使得各级政府职能部门顾此失彼，穷于应付。

因此，要发挥整个社会的力量，尤其是依靠广大网民的力量。政府职能部门可以设置各种举报电话或网站，方便网民对色情网站或网页进行举报。对举报的色情网站或网页给予坚决的封堵、查处，对经营色情网站或网页的团伙或个人进行坚决的打击。

总之，整个社会都应该高度重视网络色情的严重危害性，建立多渠道的网络犯罪报案系统，完善网络行为的监管机制，营造一个使网络色情无处容身的健康的网络世界。

（3）青少年网民应自觉抵制网络色情的诱惑

网络色情的制造者、传播者固然可恶，应受到严厉惩罚，但众多网民尤其是青少年网民对网络色情信息、色情服务的狂热追逐就说明了青少年网民自身素质的低下了。

*2001 年 11 月 22 日*团中央、教育部等单位联合向社会发布了《全国青少年网络文明公约》。公约明确提出了"五要五不"：要善于网上学习，不浏览不良信息；要诚实友好交流，不侮辱欺诈他人；要增强自护意识，不随意约会网友；要维护网络安全，不破坏网络秩序；要有益身心健康，不沉溺虚拟时空。作为新时期的青少年，要自觉遵守"网络文明公约"，不断加强自身素质的培养，形成良好的上网习惯，坚决抵制网络色情的诱惑。

四、家庭要负起监督的责任

一些父母对子女缺乏必要的监督是导致他们子女沉溺在色情网络的一个重要原因。没有出事前对孩子在网络上从事些什么活动一概不知或知之甚少，一旦出事，才发现孩子在网上的所作所为。父母一定

要对孩子的上网行为进行监督与引导，忙于工作或对网络不了解不能作为缺乏对孩子进行监督的借口。对待孩子的上网行为不能放任自流，适当的监督和了解，谈心，观察，必要的检查应该是家庭、父母的责任。

总之，抵制网络色情，为青少年提供一个良好的、健康的网络环境是一个系统的工程，需要依靠社会各方面共同的努力，仅靠单一的力量是难以取得成效的。

12. 预防青少年网络犯罪

一、从源头上构建健康绿色的互联网

要加强网络管理，制定统一、专门的互联网管理法律制度，切实加强网络信息管理和相关的组织管理。

把握正确的政治方向，开辟和建设青少年网站，可以通过学习、就业、交友、心理咨询、法律援助等青少年感兴趣的、能切实为青少年服务的形式，开辟更多的为青少年所喜闻乐见的网站，服务青少年、凝聚青少年。

通过青少年网站，使学生提高明辨是非的能力，增强他们的政治敏锐性和鉴别力，占领网上思想教育的阵地。切实加强对网吧的管理，加大整治力度。认真落实未成年人不得进入营业性网吧的规定，净化网络空间，为青少年的健康成长营造绿色网络环境。

要对"黑网吧"进行全面整顿，取缔侵害青少年身心健康的非法网吧，设立监督电话，聘请社会监督员，对群众举报问题严重的网吧，严加治理，使网吧业走上更加规范的道路。加大对网吧经营者的培训和宣传力度，通过举办培训班、发放宣传资料等方式，大力宣传相关的法律法规，使经营者在网吧经营中学会知法、守法和用法。

二、加快青少年的社会化进程，提高青少年适应现代社会的能力

针对部分青少年逃避现实的倾向，要教育青少年分清虚拟社会和真实社会的不同，向他们分析社会的复杂性和存在的某些不足，鼓励他们勇敢地直面现实世界中存在的问题，丢掉幻想，积极投入到改造社会的实践中去。

开展各种丰富多彩的活动，加强青少年之间、青少年和社会之间的交往，建立健康的人际关系；有条件的应该建立青少年的心理咨询机构，对有心理障碍和人际交往障碍的青少年进行心理辅导，克服障碍。加强青少年组织建设，消解虚拟组织对现实组织的冲击。网络社会存在大量的虚拟组织，有社交类、消费类、职业类、娱乐类、学术类等等。

网络组织既有健康的、利于青少年发展的类型，也有不健康的、带有反动色彩的不利于青少年成长的类型。它们基本游离于有效管理之外，对现实社会中合法的、健康的组织形成一定程度的冲击。但是，只要我们主动地去了解各类网络组织，与其加强联系，并以有效的方式介入他们的运作、管理，各种虚拟组织可以为我所用，也可以通过网络形成利于青少年成长的健康组织。

三、加强网络道德建设，开展青少年网络道德教育

鉴于网上青少年道德弱化的现象十分突出，必须加强网上的道德建设，这是一个崭新的和极其重要的课题。

首先，网络是个新生事物，网络社会的伦理规则处于建设过程之中。我们应该建议有关部门共同研究和探讨网络伦理规范，明确各种网络主体之间的权利、义务、责任以及网络道德的基本原则，形成网络从业人员的职业道德，构建和规范网络伦理，为网络社会创造一个良好的道德环境。

其次，必须加强对青少年的"网德"教育，要让青少年懂得，虚

拟社会和现实社会一样，需要有一整套道德规范，网络才能够正常运转，不能因为网络的隐蔽性而忘记了起码的行为规则，上网时要文明、自尊自重、严格遵守网络秩序，形成健康、文明、有序的网络环境。要增强他们的道德判断能力，指导他们学会选择和识别，鼓励他们进行网络道德创新，提高个人修养，养成道德自律。

各种网络技术传授部门，各级青少年宫开办的计算机培训班，在进行网络技术训练的同时，也要加强网络道德训练，增强青少年网络道德观念，规范青少年网络道德行为。新闻媒体要做好相关法律法规的宣传，加强对网络道德的宣传，把网络道德纳入到社会道德体系中。

四、加强学校和家庭对青少年的引导作用

学校和家庭应为引导青少年健康文明利用网络的做出努力。应注意引导青少年充分认识网上污浊内容的危害性，注重引导青少年怎样上网。青少年的好奇心强，越是不许他们做的事，他们偏想做。

因此，针对青少年上网浏览不健康内容，结合案例他们谈这个方面的害处；另一方面，对他们多进行理想教育，使其有远大抱负。

在学校，教师应多为学生树立榜样，激发他们不断进取的精神，教给学生必要的上网常识，指导和教育青少年正确上网，安全上网，科学上网，高尚上网。通过疏导，不仅使孩子意识到不健康内容的危害，更使其借助网上优势，提高学习效率，培养自学能力；在家庭中，父母要引导孩子树立正确的择友观，引导青少年参加社会活动。对于家庭上网者，家长可以在电脑端加过滤软件，提取精华、剔除糟粕，为我所用，对于青少年上网吧者，家长应把握其活动时间，坚决杜绝其通宵上网。

另外，家长要重视青少年青春期的科学教育，支持和鼓励青少年读一些有益的书籍或观看一些有关电视电影节目，不仅给他们物质生活保障，而且给予精神生活的健康享受。

五、加大网络立法力度，预防青少年网络犯罪

法律规制，是网络文明的硬性保障。在网络这个虚拟社会中同样离不开法律的外在规制，否则这个"虚拟社会"就可能出现秩序紊乱的现象。

实践证明，网络立法势在必行，健全互联网管理的各种法规，培养青少年的网上法律意识，建立和完善与网络社会相应的法规条文，是建构网络文明工程的现实需要。建立和完善与网络社会相适应的法律法规，一方面规范全体网民的网上行为，另一方面对网上行为立法，借此保护青少年不被有害信息侵害。

通过立法，建立新型的信息自由原则，即个人的信息自由不能建立在妨害公共信息自由和国家信息安全的基础之上，有关部门应该而且必须采取有限度的措施将信息网络置于有效的控制之下。

在遵守国家有关网络信息方面的法令法规的前提下，制定一些有效措施。比如互联网登记制度，通过登记以保证对网络的有效控制；比如电子审查制度，对来往信息尤其是越境数据进行过滤，将不宜出口的保密或宝贵的信息资源截留在国内，将不符合国情的或有害的信息阻挡在网络之外。此外，还应建立并完善联网电脑的管理制度，确保强化联网电脑的安全使用等等。

六、采用打击与防范，教育与引导的综合治理方式，有效减少和控制青少年的涉网犯罪

利用网络的青少年犯罪是一个全社会的问题，立足教育和引导，重在预防，通过综合治理防范是预防网络条件下青少年犯罪的根本途径。青少年涉世不深，可塑性较强。对于受到网络不良文化影响而违法犯罪的青少年应当重在教育与引导，尤其是针对未成年人，更需要注重教育的方法和手段。我国对青少年犯罪的方针是教育帮助为主，司法惩处只是在必要的情况下，有限制地使用。这一原则同样适用于

青少年的涉网犯罪行为。

网络社会已经悄然而至，像任何新技术的出现一样，网络时代的来临必然给社会带来一定的冲击。正视网络对青少年产生的影响，限制网络可能产生的负面效应是网络建设和规范发展的当务之急。网络引起的青少年犯罪需要广大青少年工作者及时研究，同时更应引起全社会的普遍关注。在青少年接触、利用网络过程中，家庭、学校应给予正确积极的引导，国家、社会应当创造一个健康、安全的网络环境，共同保护青少年的身心健康发展。

第五章

学校科普室的建设

1. 学生科学实验与制作活动的意义

小实验与小制作活动是具有较强的实践性和创造性的科技教育活动，它是学校课堂教学的一个重要补充，在培养学生科学素质方面可以起到课堂教学难以起到的作用。

帮助学生加深理解自然科学知识

无论是在课堂教学还是在课外活动的教学过程中，教师都要引导学生形成一些科学概念，学习基本的科学原理。概念的形成、原理的理解，往往要从揭示事物的属性入手。不少事物的属性，只有借助实验和制作才能显露出来，才能被认识。例如，水是无色、无嗅、无味、透明的液体。这些属性单凭教师的讲述，学生很难理解，如果做一组实验，把水同牛奶、豆浆、酒精等液体作对比研究，学生就很容易认识和掌握水的这些属性。再如，揭示空气是不是一种单纯的气体。让学生做一个实验：把一根小蜡烛点燃，固定在盛有一层水的水槽里，然后将玻璃杯倒扣在蜡烛上，蜡烛点燃了一会儿后就熄灭了，烧杯里的水面上升了一截。这个小实验就说明了空气中至少有两类气体，一类是能够帮助燃烧的，另一类是不能够帮助燃烧的。这样学生就很容易认识空气不是一种单纯的气体。

培养学生的科学志趣

志趣是推动人们成才的起点，也是推动学生进行学习活动的内在动力。一个学生对某一学科有了浓厚的志趣，他们就会产生强烈的求知欲望，就会如饥似渴地学习和钻研。历史上许多有卓越成就的科学家，志趣是他们成才的动力之一，也就是源于他们对科学的志趣。

心理学认为，志趣是一个人力求接触和认识某种事物的意识倾向。志趣不是天赋的，而是在后天的生活环境和教育的影响下产生和发展

起来的。小实验和小制作是培养学生科学志趣的极好活动。首先，小实验和小制作能够帮助学生更好地认识自然事物和现象。自然界许多奇妙的现象，许多奥秘都可以通过小实验和小制作来揭示。学生经常进行小实验和小制作活动，不断揭示自然界的奥秘，对自然科学的志趣就可以逐步形成。其次，小实验和小制作都是趣味性较强的活动，符合小学生喜欢动手，喜欢接触新奇有趣的事物的特征，达到以趣激趣的目的。再次，小实验和小制作大都是实用性较强的活动，它和工农业生产、科学研究、日常生活实际具有密切的联系。学生通过这些活动，可以把现实与理性联系起来，这无疑对培养学生的志趣是具有积极作用的。

培养学生的动作技能

技能是指完成一定任务的活动方式。实验和制作技能属于动作技能，其动作主要是由人手的活动来完成的。动作技能有初级和高级两个阶段，前者是初步学会阶段，后者是技能形成阶段。对学生来说，不论是初级阶段还是高级阶段，都必须由学生亲自动手进行操作练习才能形成。这是其他任何教学形式所不能取代的。

小实验和小制作所涉及的实验仪器和制作工具较多，这些仪器和工具对刚刚接触自然科学的小学生来说是很陌生的。在实验和制作过程中，学生通过观察思考和动作操作，将会逐步熟悉仪器和工具的性能和使用方法，初步掌握某些技能。在实验和制作过程中，学生要手脑并用，要在操作的基本功上，技术上由学会过渡到灵活、准确、协调，甚至接近自动化的程度；更要明了该怎样，不该怎样，为什么要这样而不要那样的道理，由操作练习的机械性转变为理解性。这样，实验和制作的技能就能逐步形成。

发展学生的创造精神和创造思维

在小实验、小制作活动的初级阶段，学生的操作往往以模仿为主。

比如，重复教师做过的实验，复制简单的器具。但是，不要小看这些活动，它们是学生能够独立操作的先期准备，其中包含了技能、经验、思维等方面的因素。

随着活动的深入展开，小实验、小制作必然要求学生的主体的积极投入，小实验必然逐步从一般操作练习过渡到验证性实验，探索性实验，小制作也逐步由易而难，工艺逐步变得复杂，而且这种劳动逐步着上了有创造意味的色彩。在这个过程中，学生的创造精神得到了发扬，创造性思维也必然获得很好的锻炼。

锻炼优良的心理品质

小实验和小制作并不是很容易完成的活动，它需要实验和制作者克服许多困难。因此，小实验和小制作能培养学生克服困难、坚忍不拔、百折不挠的毅力；在小实验和小制作过程中，学生都努力争取自己的实验做成功，努力使自己制作的作品美观、好用、受到教师的表扬和奖励，这能激发学生的好胜心和进取精神；小实验和小制作需要学生认真、细致、实事求是、团结协作的品格，这对学生形成良好的学风，促进非智力因素向积极的方面发展具有重要作用。

2. 学生科学实验制作活动的原则

小实验小制作活动的指导要依据一定的原则，针对活动过程的各个环节进行。

从乡镇实际情况出发，突出以农为主

我国是一个农业大国，整个国民经济稳定和发展的基础是农业。乡镇小学科技活动中操作性强的小实验小制作活动，除了要着眼于学生科学素质的培养以外，还应该研究当地的种植、养殖等状况，从乡镇实际出发，树立以农为主的思想，围绕科技兴农这一中心，开展丰

富多彩的小实验、小制作活动。

加强活动室和实验基地建设

小实验小制作活动的顺利开展需要一定的条件，其中尤其要重视利用学校的条件和社会力量从校内和校外两个方面加强活动阵地的建设。校内活动阵地主要是活动室，活动室一般可与自然教室共用，没有自然教室的学校，可利用一些辅助用房，也可借用某些班级的教室，另外还可以利用校园的空地建立植物实验园、动物饲养场等。校外活动阵地除了青少年科技活动中心等场所外，还应该充分利用博物馆、公园、自然保护区、工人、农场等社会力量。

克服困难，因陋就简，土法上马，解决器材问题

我国幅员辽阔，经济文化发展很不平衡。尽管有些乡镇的生活水平已步入小康，但仍有一些地区还没有很好地解决温饱问题，当地的办学条件也很艰苦，在这些学校开展小实验小制作活动，存在着缺少器材的实际困难。而活动器材又是科技活动的物质基础，传播科技知识的媒介。因此，科技辅导员要发动学生一起克服困难，因陋就简，自制简易教具或利用代用品，解决器材问题。

必须着眼于活动的全程，并有相应的方案或计划

为了充分发挥小实验小制作的功能，还必须从活动的全程出发，针对学生的心理特点和年龄特征，并以全面发展学生的科技素质为目的，制定整体活动、阶段活动及每次活动的方案或计划。

3. 学生科学实验制作活动的指导

小实验与小制作活动过程的指导，包括制订活动计划，指导实际操作和活动总结等。

制订活动计划

为了加强小实验与小制作活动的计划性，保证实验与制作任务的顺利完成，必须认真周密地制订小实验与小制作活动的计划。有了计划，才能避免活动的盲目性，不致出现吃一节剥一节的状况。在制订计划时要注意以下几点。

（1）要深入了解学生。

主要了解学生对参加小实验与小制作活动的态度、基础知识水平、技能、智力等情况，特别要根据小学生的特点，从实验出发，了解他们当前的主要要求是什么，倾听他们的反映，尽量采纳他们的意见。

（2）要研究活动计划

教师在深入了解学生的基础上，要结合学校的设备和各方面的条件，根据小实验、小制作活动特点，着眼于小学科技素质的形成，认真研究活动的总体安排和具体的内容。主要包括：本学期小实验与小制作活动的目标；活动的基本情况分析；活动内容及其安排；完成活动任务的条件、困难和主要措施等。

（3）把教师的计划变成学生自己的计划

教师有了计划，就应当考虑怎样把计划变成学生自己的计划，才有利于调动学生实验和制作的积极性，才能使计划真正落到实处，变为学生的自觉要求和实际行动。

实际操作的辅导

（1）在操作内容的安排上要从简易到复杂。

学生初次操作时，缺乏认识基础，对较复杂的操作掌握比较困难，因此，应当先排简易的小实验与小制作，不妨带点机械模仿，然后逐渐过渡到复杂操作，适当加快速度。例如，分析土壤成分的实验就应先安排在沉淀、过滤、蒸发等实验之后，因为前者的实验包含后者，是复杂的实验。学生只有先学会基本的实验和制作，才能比较顺利地

完成较复杂的实验和操作。

（2）以知识作基础，指导实际操作。

小实验与小制作虽然属于动作技能的范畴，但是它与基础知识是紧密联系在一起的，学生掌握了与这些活动有关的基础知识，才能比较顺利地进行操作。因此，在指导学生操作与制作方法时，不能只讲操作与制作方法，而不介绍有关原理。例如，在制取氧气的实验中，教师除了要介绍操作方法外，还要讲清楚试管口为什么要略向下倾斜，加热时为什么要先预热试管，实验完毕为什么要先把导管从水中拿出来，然后再移开酒精灯，等等。学生明白了这些问题，就能更正确地进行操作。

（3）在操作前要使学生明确操作的目的要求。

教师在指导学生实验和操作前，要向学生讲清楚为什么要进行这个实验和制作，应达到什么要求，应该注意什么问题，基本过程是怎样的等等。这样学生就会在教师指导下朝着既定目标发挥自己的主动性和积极性，避免操作中的错误，避免盲目行动，并且在操作过程中，能比较自觉地根据活动的要求，随时对自己的行为作出比较恰如其分的评价。

（4）教师要进行必要的示范。

小学生的理解力比较差，而模仿力较强。他们进行小实验与小制作，在初级阶段，主要靠模仿掌握其方法。因此，每进行一个小实验或小制作，教师都应把操作中所用仪器、工具的标准名称、用途、使用方法、操作步骤、注意事项交待清楚；边交待边示范。这样，才能让学生在实验或制作前头脑里形成一个动作映像，为顺利地进行操作奠定良好的基础。

学生不仅模仿力强，先入为主的识记性也很强。他们喜欢以教师为榜样，处处模仿效法。他们第一次接触到的知识，一旦掌握了，就不容易忘掉。因此，教师要特别注意示范的正确性。如果在操作示范

时动作不规范，会给学生留下一个错误的印象，当这个错误的印象成为学生头脑中记忆表象后，进而形成习惯，纠正起来，将是十分困难的。

（5）安全问题。

在小实验小操作的实际操作过程中，常要用到有毒、有腐蚀性或易燃易爆的化学药品，容易破碎的玻璃仪器，还有酒精灯、电源以及一些物理器械。对这些客观条件掌握不当都可能发生事故。如果在实验中发生事故，将可能给学生身心带来无法估量的损害，同时也不利于学生志趣、情感、意志等非智力因素的发展。因此，教师在辅导过程中，要树立"安全第一"的思想，明确不安全因素的所在，一方面要尽可能选择没有危险的内容，或对不安全因素采取积极有效的措施，另一方面通过演示等形式使学生掌握规范化操作的要领，确保实际操作的安全可靠。

实验制作活动总结

每进行一次实验或制作活动，教师都要组织学生认真总结。因为学生在活动中所获得的知识和技能，多是零星的、片断的、局部的，通过总结，可以帮助他们将所获得的知识和技能进行整理，归类并加以巩固。在一个学期内也要集中进行几次总结，进一步调动学生进行实验和制作的积极性。常用的几种总结方式有：

（1）实验表演。

邀请学校领导、家长和其他学生参加，让小组的学生向他们做实验表演。

（2）作品展览。

把小组学生自己制作的作品集中起来，放在陈列室，请教师、家长和社会各界人士来参观。

（3）竞赛。

在小组学生中进行实验操作和制作作品竞赛活动，对优胜者给予奖励。

（4）献礼和赠礼。

在有关的节日之前，安排小组学生制作一些作品，以这些作品作为礼品，献与或赠给有关人员。如在"六一"儿童节时制作一些玩具，赠给低年级的小弟弟、小妹妹；在校庆日时制作一些作品献给学校；在"教师节"时制作一些作品献给教师等。

这些总结方式符合小学生的心理特点，能充分调动小学生进行实验和制作的积极性，同时对全年有以至全校又有推广普及作用。

4. 学生科学发明活动的意义

人类的进步与文明，是建立在无数发明的基础之上的。人类能不断发展，离不开发明创造。文字、纸张和印刷术的发明，使人类能够记载下自己的历史，使历史事件和知识经验流传于世，教育和启发着后人；电灯的发明，使漫长的黑夜呈现光明，人们可以夜以继日地工作、学习和娱乐；火箭的发明，使嫦娥奔月这个神话终于变成了现实，开辟了人类探索宇宙奥秘的新纪元；电子计算机的发明，特别是微电子技术的发展和普遍应用，使人的脑力劳动获得解放，使整个社会生活发生了巨大变革，引起了新的技术革命。

在当前科学技术高速发展的时代，社会的发展、经济建设更离不开发明。发明能使人们认识世界、改造世界的能力上升到新水平，把人类社会推向更高层次的文明。创造学家奥斯本在《创造性想象》一书中指出："一个国家的经济增长和经济实力与其人民的发明创造能力和把这些发明转化为有用产品的能力紧密相关。"美国学者伊顿指出："在不久的将来，我们国家的最高经济利益，将主要取决于我们同胞的创造才智，而不取决于我们的自然资源。"由此可见，发明创

造在经济建设中处于何等重要的地位。

中小学生是祖国的未来，科学的希望。现在的中小学生是 21 世纪的主人，他们将承担着使我国经济达到世界中等发达国家水平，基本实现现代化的重任。所以，我们要从小学生抓起，努力培养他们发明的创造意识、创造精神和创造能力，使他们成为建设社会主义现代化国家的后备力量。

中小学生参加发明活动，是培养他们的发明创造意识、创造精神和创造能力的较好途径。

发明活动是一项群众性活动，所有小学生都可以参加。在活动中，小学生能够明确什么是发明创造，深刻认识发明创造的意义，从而树立发明创造的意识。

发明活动是开放型活动，它不受教学大纲和教材的束缚，也不受时间、场地、设备等的限制，并且每一次活动都没有固定的答案，中小学生可以在这个广阔天地里纵横驰骋，这样有利于培养他们的创造精神。

发明活动是一项创造性活动。在发明活动过程中，需要中小学生具有多种能力，特别是创造和想象的能力。因此，通过发明活动，可以培养学生的创造能力。

发明活动还可以培养学生热爱科学技术的兴趣，克服困难、战胜困难的坚强意志，树立建设社会主义祖国的信念，养成小学生良好的科学态度，并能使学生受到审美教育、劳动教育以及团结协作、遵守纪律等方面的教育。

5. 学生科学发明活动的指导

启发

启发就是通过讲清发明活动的意义，激发学生发明创造的兴趣，

使他们乐意参加发明活动，自觉接受创造思维和发明技法的启蒙教育，增强创造精神和创造意识。学生的心理具体表现在：他们思想单纯、活泼、好动、幼稚、富于想象、善于联想和缺乏独立活动的能力；好表现自己，对老师和家长布置的任务总是想办法完成；对参加集体活动的热情较高。但他们的兴趣和爱好不稳定，当获得一种满足之后，会立即被其他兴趣所代替。因此，他们喜欢参加发明活动，但不能维持较长时间。

根据学生的心理特点，在组织每次发明活动时，教师都要注意启发，除了使他们明确每次活动的目的和意义之外，还要适时布置一些具体任务，尽量使一些个人活动转化为集体活动；对他们在活动中所取得的成绩，及时进行总结和表扬，使他们还不稳定的发明兴趣和爱好逐步稳定。

示范

示范就是运用发明成果作为学生学习的典范，使他们从中得到教益。

榜样的力量是无穷的。学生的好胜心较强，而且善于模仿，因此，在活动中运用一些发明成果和讲一些发明家的故事作为他们学习的典范，会对他们有很大的帮助。

发明成果最好是学生自己发明的，故事最好也是学生的发明故事。因为同是学生，年龄相仿，知识水平相当，他们容易接受，对他们的启发帮助也最大。如果用本校、本班的学生的发明成果作示范，效果更佳。

在示范过程中，教师所选用的典范最好能对本次活动有一定的指导价值。比如，这次活动主要是让学生学习"缺点列举法"，那么，作典范的发明成果最好是用"缺点列举法"所完成的。对每一件作示范的发明成果，教师都要讲清发明人是怎样想到搞这个发明的，运用

了哪些发明技法，他在发明过程中遇到了哪些困难，他是如何克服这些困难的，等等。

选题引导

学生通过启发和示范，会产生发明的兴趣和动机，这时，教师就要引导他们寻找发明的课题。

在学生中开展的发明主要是指：学生在日常学习、生活和劳动中针对那些感到不称心、不顺手及不方便的事物和方法，运用学过的科学技术知识，创造性地设计和制作出目前没有的产品或生产方法，或对现有的产品和生产方法进行房进与革新，从而为人们的生活、工作、学习带来方便。因此，他们发明的课题种类不多，范围也较狭窄。但是，学生的想象力比较丰富，他们发现的问题，提出的发明课题却是五彩缤纷。在这众多的课题中应选择哪一个呢？一般要注意以下几点。

（1）是引导学生从日常生活和学习中寻找课题。对目前人们使用的用具、文具等，想一想怎样能提高效率？质量怎样能更好？怎样减少故障？怎样可以更安全？怎样可以使价格更便宜？怎样用起来更方便？等等。选择身边的课题，便于学生观察、分析、构思和设计。

（2）是学生发明最后的成果是能在实践中使用的实物。这不仅需要学生的构思和设计，还要小学生自己动手去制作和实验。因此，在选择课题时，要让学生充分考虑，凭自己的科学文化知识水平，能不能完成这项发明课题，能不能把这项发明的构思制作出来，以免白白浪费时间和精力。

（3）是选择发明讲题要专一。学生的发明是在科技活动课或课余时间进行的，精力和时间都很有限。因此，在一段时间里选择发明课题要专一，从一事一物去构思，从一点一滴做起。这样才容易成功。

构思引导

选准了发明课题之后，要引导学生对发明课题进行构思。构思不

是一下子就能形成的，一般要经过几个步骤。第一步列出明确的发明目标，包括这个目标的具体要求。第二步剖析目标。对已确定的目标进行分解，分解成一些小目标，然后逐个解决为实现各小目标所必须解决的每一个小问题。第三步形成构思。为实现每个小目标和解决每一个小问题寻找可行的途径和办法。把可行的途径和办法进行组合，构思、制定出这项发明的总体实施计划。第四步对总体构思进行补充的修正。

例如，上海市和田路小学学生方黎，在上体育课时看到全班40几个同学只有一个篮球架练习投篮动作，这样练习投篮就需排长队。她想，如果能有一个可供几个同学一起练习投篮的球架多好啊！于是，她决定以改革篮球架为发明课题，一心想设计一个可供多人同时使用并适合各年级同学使用的篮球架。

她找到了这一发明课题，并明确了发明目标及这个目标的具体要求之后，就把总目标分解成了以下两个小目标：

①怎样才能使多人同时投篮；

②篮球架的高度是多少才适合各年级同学。

她先思考第一个问题。

有一天，她和3个同学一起去吃早点，4个人各坐方桌的一方。突然，她灵机一动，想到，如果做一个东、南、西、北4个方向都有篮球筐的球架，练习投篮不就可以提高效率4倍吗？方黎同学运用联想的方法，将围方桌吃饭和她要解决的发明目标联系起来思考，将实现第一个小目标的困难解决了。

接着，她思考第二个问题。

篮球架的高度如果按照高年级同学的身高设计，低年级同学练球就不方便；如果按低年级同学的身高设计，对高年级同学又不合适。她在家里冥思苦想的时候，忽然看到了落地灯杆。她想落地灯杆可以调节高低，如果球架也能像灯杆一样可升可降，不就可以适应不同年

级同学的身高了吗？正如是，她运用移植的方法，将落地灯杆的升降技术移植到篮球架上，使第二个小目标中的问题迎刃而解。

就这样，一张多用升降篮球架设计图在她的笔下绘好了。这项发明参加了全国首届青少年科学创造发明比赛，荣获了二等奖，还受到了国家体委领导的赞扬。

在小学生构思的过程中，教师要注意以下几个问题。

（1）是注意传授发明技法。要向他们传授构思过程中可能要用到的发明技法，如联想法、组合法等，以便小学生灵活运用。

（2）是注意讲解有关的科学知识。要向他们讲解有关的科学知识。因为小学生所拥有的科学知识毕竟有限，发明过程中的许多问题是他们现有的知识解决不了的，因此，教师要预计他们突破这一发明课题需要运用哪些科学知识，对他们还未学过的科学知识，事先必须向他们传授。

（3）是善于启发思考。教师要善于启发，引起他们思考，向发明目标一步步迈进。

（4）是及时出主意战胜困难。当小学生在活动中遇到困难时，要给他们出主意、指方向，给予他们精神上的支持，使他们增强战胜困难的勇气。

设计引导

设计就是按照总体构思，制定这个课题的整体图形和各部分的图形。

由于中小学生没有学过机械制图，不要求他们绘制规范的机械图，但是可以要求他们画出示意性的草图，包括整体的形状、大小、外观和色彩等，使这项发明有一个比较完整的雏形。为了使总体设计更加完善、合理，还可以利用纸片、木材、铁丝、泡沫塑料和胶水等材料做出一个模型，再对模型进行改进，并进一步考虑先做什么，后做什

么，如何按各部分尺寸、形状进行装配，使发明的总体设计更加完善。

制作引导

按照总体设计制作出样品。样品不是模型，而是一件能够实验使用的实物。样品的各部分功能应符合总体设计。学生在制作样品时，教师要在技术、材料等方面给予支持。对于制作比较困难的样品，教师或家长还要协助，使他们能顺利地将样品制作出来。但是，千万不能包办代替。

评估引导

任何一件发明，只有经过实践的检验，才能判断它是不是合格。因此，教师要指导学生对发明进行评估，看这件发明是不是合格。

如何指导学生对发明进行评估呢？首先，看这项发明是不是前所未有的。即从时间上看，提出这项发明以前是不是出现过同样技术内容的东西或方法；从公开方式看，在国内是否公开使用过或在商店销售过，在国内外的报纸、杂志、书籍、广播、电视、电影和展览会上是否公开发表过、展示过。其次，把这项发明与其他性能类似、用途相同的东西相比较，看是不是在原有的基础上增加了功能、改进了方法和工艺。再次，看这项发明能不能解决生产、工作和生活当中的实际问题，产生良好的社会效益。最后，看这项表明的性能、原理构造和方法等是否符合公认的科学道理，有没有违反科学的错误，对环境是否会增加污染，对人的身心健康有没有影响等。

对发明的评价贯穿于整个发明活动之中，并不是整个发明活动的最后一步。例如，在选择好发明课题之后，就需要考虑所研究的这个课题是否有新颖性，如果失去了新颖性，就应当放弃这个课题，重新选择新的课题。

6. 学生科学发明素质的培养

小发明活动没有什么固定的模式，但是发明创造的知识可以学习，发明创造的方法可以传授。只有抓住规律，开拓思路，才能够有所成就的。中、小学生首先应加强对自己创造素质的培养和锻炼。主要办法是：

要破除迷信，树立信念

发明创造既然别人能够搞成，自己也就有可能搞成，不要把它看得神秘莫测，以为只是那些少数天才发明家才能做到的事。这样树立一个立志发明创造的信念是非常重要的精神因素。

目标明确，有较强的好奇心

干什么事情，都要有个明确的目标，搞发明创造也是这样，你要搞一项什么创造，你想解决什么问题，首先应从中有个大概的轮廓。然后根据自己确定的目标去想问题，找窍门儿，就容易成功。目标又从何处去寻呢？应该在自己的生活中去寻，从自己身边和所接触的事物中去寻。同时还要从小培养自己对事物的好奇心理，这样就可以帮助你选中目标。

善于观察，勤做记录

在第一章观察和实验活动中我们已经谈到了勤观察勤记录的重要性。在发明创造中，观察和记录也是一个重要的法则。勤观察，不仅能够认识事物，而且能够了解事物的优缺点，激发发明创造的动机。做记录，主要是指当你有了什么好的想法，好的构思时，就应该及时把它记下来，这样可以帮助你成功。"猛然想起的好主意很容易被忘掉，所以一定要随时做记录。"这是一位心理学家的教导，请你记住它。

善于联想，善于借鉴

人的生活中常常有这样的事：甲事物与乙事物看上去好像不存在什么联系，但人们可以通过借鉴甲事物的长处去改变乙事物的不足。如果你平时经常注意把耳闻目睹的事物同你确定的目标联系起来思考，进行多侧面的比较，把事物的"长处"接收过来，说不定就能解决你的疑难。

综合思考，反复讨论

搞发明创造要养成时时处处都勤于动脑子的好习惯。不仅要多一些设想，还要勤奋学习，掌握较多的知识，以便对事物进行多角度的综合思考，综合研究。当然，还要记住一句俗话："三个臭皮匠凑成一个诸葛亮"，搞发明创造不能把自己关在小房子里冥思苦想，还要借助众人的智慧，大家的力量。你不妨把自己的某些想法、某些疑难讲给大家听，让众人反复讨论，提出意见，这样会更好些。

敢于突破，克服惰性

发明创造要敢于突破一些旧思想、旧习惯和旧势力的阻碍。人们在生活中往往有一种惰性，对周围的事物和所使用的东西用惯了，看惯了，习惯了，不易发现缺点；另外也有一些人对什么都要求不高，满足现状，缺乏改革热情，这对发明创造是很不利的。因此，要想搞发明创造就得克服这些惰性。

勤于实践，亲自动手

实践出真知，发明创造离不开实践，很难设想，一个不动手脚、脱离实践的人，会搞出什么发明来。要想成功，就得勤实践，勤动手。勤动手包括勤收集情报、资料，勤试验，勤制作。

尊重科学，量力而行

发明创造本身就是科学，还要抱有科学的态度，既不能脱离实际去空想或抱侥幸心理，也不能好高骛远看不起生活中的小事。同时还要根据自己的实际能力去努力，否则是不会有什么成效的。

小发明活动的特点是新颖、合理、实用。关键在于合理。一切不尊重科学规律的"发明"设计，都是不会成功的。小学和少先队组织的任务是要通过一定的组织形式，努力启发队员们的思路，让队员们充分讨论和总结出一些摸索规律的办法，在组织这类活动时，应抓住四个环节：

（1）是要向队员们普及一些如何进行发明创造、革新的方法，启发思路，启发队员明确什么是发明创造；介绍有关样品和资料，引导大家评议和剖析，从中得到借鉴和启发。

（2）是倡导队员们深入生活，提高观察能力和发现新异现象的能力；鼓励队员们对周围的事物、日常的生活进行观察，遇到不顺手、不方便、不满意的事情，就想方设法去改革，去发明创造，而不要将就对付，得过且过。

（3）是鼓励队员们质疑问难，发现矛盾，寻找发明创造的目标，提出设想方案。四是指导设计，修改制作并注意培养队员不怕失败的毅力和顽强的意志。

小发明和大发明是联在一起的，今天热心于小发明的少年儿童，将来就有可能成长为真正的大发明家。

7. 对小学生的发明指导方法

根据儿童的心理特点和知识水平，有关专家在进行了大量研究和实验的基础上，提出了12种儿童发明技法。这些技法比较小学生在发明创造中运用，特分别介绍。

加一加

思考方法：可在这件东西上添加些什么吗？需要加上更多时间或

次数吗？把它加高一些，加厚一些，行不行？把这件东西跟其他东西组合在一起，会有什么结果？

减一减

思考方法：可在这件东西上减去些什么吗？可以减少些时间或次数吗？把它降低一些、减轻一些，行不行？可省略、取消什么吗？

扩一扩

思考方法：使这件东西放大，或使这件东西的某一部分或几部分扩展，会怎么样呢？

缩一缩

思考方法：使这件东西压缩、缩小；或使这件东西的某部分缩小，会怎么样呢？

变一变

思考方法：改变一下形状、颜色、音响、味道、气味，会怎么样？改变一下次序会怎么样？

改一改

思考方法：这件东西还存在什么缺点？还有什么不足之处，需要加以改进吗？它在使用时，是不是给人们带来不便和麻烦？有解决这些问题的办法吗？

联一联

思考方法：某个事物（某件东西或事情）的结果，跟它的起因有什么联系，能从中找到解决问题的办法吗？把某些东西或事情联系起来，能帮助我们达到什么目的吗？

学一学

思考方法：有什么事物可以让自己模仿、学习一下吗？模仿它的形状、结构，会有什么结果？学习它的原理、技术，又会有什么结果？

代一代

思考方法：有什么东西能代替另一样东西吗？如果用别的材料、零件、方法等，代替另一种材料、零件、方法等，行不行？

搬一搬

思考方法：把这件东西搬到别的地方，还能有别的用处吗？这个想法、道理、技术，搬到别的地方，也能用得上吗？

反一反

思考方法：如果把一件东西、一个事物的正反、上下、左右、前后、横竖、里外、颠倒一下，会有什么结果？

定一定

思考方法：为了解决某一个问题或改进某一件东西，为了提高学习、工作效率和防止可能发生的事故或疏漏，需要规定些什么吗？

教师在传授辅导发明技法时，不要照本宣科，花大力气去讲理论，要多例举小学生成功的发明项目用的思维方法，参考一些有关的书刊，运用小学生喜闻乐见的语言和方式以提高辅导的效果。例如，把一些发明的完成过程编成小故事，通过讲故事让小学生掌握一些发明技法。鲁班发明锯子的故事就是一例。小学生听了这个故事以后，就能懂得模仿法的基本常识。再如，组织小学生开展以某一种发明技法为主的小发明活动，使小学生在活动中自觉掌握这一种发明技法。如果不通过故事、活动等小学生喜闻乐见的方式去传授辅导发明技法，小学生就很难接受。

8. 对中学生的发明指导方法

探索需要法

需要和希望是发明之母。了解社会的需求和人们的希望，是寻找

134

发明课题的重要途径。在仔细观察和充分调查的基础上，从生活、工作及学习的需要出发，根据人们的某种希望，下工夫去探索、研究，就会创造出成功的发明来。

探索人们的需要，除了要善于观察生活中的各种问题，积极了解人们对所使用物品的意见，主动调查产品在实际中应用情况以外，还可以召开"需要、希望陈述会"，请到会人员围绕一定的主题，陈述、列举自己的需要和希望，然后收集起来进行综合分析，这些希望和要求就成为发明创造的基础。

缺点列举法

在我们日常的生活中，所使用的东西不可能都是十全十美的。即使是工厂里正在生产的各种产品或是市场上正在销售的各种商品，也并不是完美无缺的，它们或多或少地存着这样或那样的缺点。可是，由于人们身上潜在的惰性的影响，对于这些东西逐渐习惯了，不以为然，很少去研究它们有什么缺点和不足。如果人们对经常使用而又十分熟悉的物品采取"吹毛求疵"的态度，并且深究它们的缺点，分析这些物品在使用时不尽合理的地方，开动脑筋，找出它们的缺点，并对这些物品存在的缺点加以改革，就会成功地搞出一项发明来。这种发明的方法就叫做缺点列举法。

用缺点列举法搞发明，关键是发现物品的缺点，如果能够围绕一种物品发现它的缺点，把所有的缺点列出来，再针对列出的缺点，提出改革设想，这项发明就容易成功了。

怎样指导学生去发现缺点呢？可以从以下四个方面入手。

（1）利用课外时间或假日到市场上去搞商品调查，然后进行分析，在调查分析的基础上，发现某些商品存在的缺点和不足。

（2）要随时留意自己日常使用的物品，它们存在哪些不足或不便之处，也应该随时留意自己周围的人们对使用某种物品的反映，以发现缺点。

（3）要敢于质疑，善于质疑。善于从物品的形态、材料、加工与使用等不同角度提出问题，发现缺点。

（4）要对物品的结构、功能等进行仔细分析，通过分析发现缺点和产生缺点的原因，并进一步寻找出改正缺点的方法。

此外，使用好缺点列举法，还要克服安于现状、得过且过的惰性心理。

组合法

把分散的、已有的物品，进行巧妙地调节，并重新恰当地进行组织合成的方法，叫做组合法。组合有以下几种方式。

（1）主体附加。在原有的物品上增加一个新附件。如在自行车上增加一个计程表，成为能计程的自行车。

（2）异类组合。把两种或两种以上不同功能的物品组合在一起。如收录机就是收音机和录音机组合而成的。

（3）同物组合。把若干个相同的物品组合起来。如把许多毛笔组合在一起成为排笔；把两个订书机组织在一起成为双排订书机。

（4）重组。分解事物原来的组织，再以新的意图重新组合起来。

组合法是一种简便易行的发明技法，小学生容易掌握和运用。但是，小学生的盲目性比较大，世界上的事物有千千万万，如果把它们一样一样地不加选择地加以组合，那是极不科学的。因此，小学生在运用组合法搞发明的时候，教师一定要指导学生明确组合的目的。通过组合要提高效率，充分利用空间；通过组合使事物互相补充，和谐一致；要注意物品之间相互的适应性，应以提高事物原有的品格为前提；通过组合，还要达到扩大用途，增加功能，增加效益和节约的目的。

特性分析法

特性分析法是选定某一种物品，对其进行特性分析，并将所有特性一一列举出来，再探讨改革方法，最后形成一项有显著进步的发明的发明技法。

一般事物的特性，按词性来分包括以下三大类。

名词特性：如全体、部分、材料和制造方法等。

形容词特性：如性质、状态等。

动词特性：如功能等。

指导小学生用特性分析法进行发明，首先要使他们掌握分析事物特性的方法。怎样分析事物的特性呢？下面以一浊水壶为例为说明。

（1）名词特性。

全体：水壶

部分：壶身、壶盖、壶嘴、壶柄

材料：铝、铜、铁、不锈钢

制造方法：冲压焊接、吹胀

（2）形容词特性。

性质：轻、重、结实、变形

状态：美观、清洁

（3）动词特性。

功能：烧水、装水、倒水、贮水

其次，要组织学生围绕特性进行改革。如该物品还存在什么缺点，怎样改正这些缺点；在该物品上还增加一点什么，可以增加该物品的功能等等。

最后，要对这些改革建议进行综合，使原物品的缺点得以改正，或有新的功能增加。

检核表法

根据需要解决的问题，或者需要发明创造的对象，列出有关问题，然后一个一个来核对讨论，从中获得解决问题的方法和发明设想的技法，叫做检核表法。

（1）检核表法的使用程序是：

①对一件产品或某一个事物，从多个方面加以提问，根据不同情况得到一系列新设想；

②对所有设想逐一加以分析，产生最终解决问题的综合方案。

（2）检核内容有：

①现有的发明有无其他用途？

②现有的发明能否引人其他的创造设想，或借用、或替代？

③现有的发明是否可以改动一下？

④现有的发明能否扩大用途，延长寿命？

⑤现有的发明可否缩小、减轻、分割？

⑥现有的发明有无代用品？

⑦现有的发明能否更换一下型号和顺序？

⑧现有的发明可否颠倒过来用？

⑨现有的几种发明是否可以组合在一起？

检核表法几乎适用于任何类型与场合的发明活动，享有"创造技法之母"的美称。

智力激励法

在进行发明时，设想越多越容易成功。怎样才能获得大量的创造性设想呢？美国创造学家奥斯本首先提出了智力激励法。后来，人们又对这种方法进行补充修改，产生了一些改良式的智力激励法。

无论是正统的还是改良的智力激励法，通常都是通过一个人数不多的会议来实现。在会上，人们自由地发表看法，互相启发，从而能

提出许多的设想。其具体做法有如下几种形式。

（1）奥斯本式。

参加会议的人不多于 10 人，以利于充分发表意见。会议的时间一般在 1 小时以内。会议的内容要明确。到会人员可围绕课题任意发表观点，无上下级之分，不分多数人的意见和少数人的意见。由于到会人员能够受到别人的设想的启发，并发表新产生的设想，因而会议结束时，可以得到数十个或数百个设想。

（2）默写式。

每次会议由 6 个人参加，每个人在 5 分钟之内要提 3 个设想。开会时，首先提出发明的题目，在对发明题目解释完毕后，让到会的人填写卡片。每张卡片上有 3 个编号。在第一个 5 分钟之内，每人在卡片上填 3 个设想，然后将卡片传给下边的人。在第 Th 个 5 分钟内，每个人从 3 个设想中得。帕发，再填上 3 个新设想，并把卡片传给下渡的人。依此类推，半小时一共可产生 108 个设想。

以卡片式。此种形式又可分为 CBS 法和 NBS 法两种。

CBS 法的做法是：每次会议由 3~8 人组成，每人持 50 张小卡片，会议大约持续几小时。会议的议题明确后，最初 10 分钟内，到会者独立填写卡片（每张卡片一个设想）。接下来的 30 分钟，到会者轮流发表自己的设想，每次读一张卡片，然后由其他人提出疑问，并填写由于启发而产生的新设想。最后的 20 分钟，让到会者自由交流设想，并将新设想记下。

NBS 法的做法是：会前明确主题。每次会议由 5-8 人组成，每人需将 5 个设想填在 5 张卡片上。会议开始后，每人对自己的卡片进行说明。当别人受启示而产生新设想时，应立即填在备用卡片上。全部发言结束后，将所有卡片集中分类，放在桌子上，每类卡片加一个大标题。最后讨论一次，选出可实施方案。

（4）三菱式。

在宣布了会议的议题后，花费 10 分钟让到会人员分别在纸上填写设想。接着，每人轮流讲述自己的 1～5 个设想。别人在受到启发后也可以将新设想填在卡片上。然后，每个人将自己的提案汇总，写成正式提案。正式提案写成后，到会人员可以互相提问，进一步修改提案。最后，会议主持人将每个人的提案用图解方式写在黑板上，让大家充分讨论，以便确定最佳方案。

智力激励法的会议一般按如下步骤进行：

第一步，由会议主持人提出研究题目，明确目的要求。

第二步，参加会议的人围绕研究课题进行独立思考，将自己的设想记在笔记本上准备发言或写在卡片上。

第三步，依次发表自己的发明设想。与此同时，会议主持人和其余的人都将每个人的发明设想记录下来。

第四步，对每个人发表的发明设想大家分析、补充。与此同时，参加会议的人都根据别人的设想触发自己的灵感，记在笔记本上，准备提出更新的设想或补充。

第五步，就自己最感兴趣的设想，互相咨询，详细了解设想内容。

第六步，沉思 5 分钟后，再进一步依次提出新的设想和补充意见。

第七步，主持人将全部设想进行整理、归纳、拟出方案，再公布。

第八步，全体参加者对所提方案进行分析、比较，最后集中大家意见，确定最佳方案。

要使与会者全神贯注，集中注意力，充分发挥各人的智慧，必须要求他们遵守以下规则：

①参加人数以 5～8 人为好，最多不超过 10 人；

②开会时间以半小时到 1 小时为限度；

③主持人在召集开会前，必须向参加者明确研究的课题；参加人如有不清楚、不明白的地方，主持人应负责解释清楚，使参加者心中有数；

④参加人在明确研究目标的基础上，必须围绕议题进行广泛的联想，通过独立思考之后，尽可能多地发表自己的创造设想；

⑤在会上，任何人不许批评或指责别人提出的设想，更不要讥笑和嘲讽；

⑥鼓励任意思考，打消顾虑，大胆设想，想法越多、越新奇越好；

⑦在会上，对任何人提出的设想，都不作判断性结论，待会议结束后，再进行整理和评论；

⑧在会上，不准私下交谈，干扰别人的思路，发表意见的人，必须针对研究问题，集中注意力，把思路表达清楚，使参加者都明白；

⑨参加者应注意听取每个人的发言，利用别人的想法来激发自己的灵感，或结合几个人的想法，综合考虑，另提出自己创新的更好的设想；

⑩每个人提出的设想，不分好坏，一律记下来。

设问法

设问法是围绕现有的事物，以书面或口头形式提出各种问题，通过提问，发现现有事物存在的问题和令人感到不足的地方，从而找到要革新的方面，发明出新的事物来。设问法有很多，比较著名的有以下四种：

（1）5W2H 法：

就是从 7 个方面去设问，这 7 个方面的英文第一个字母恰好是 5 个 W 和 2 个 H。

①为什么需要革新（WHY）？

②什么是革新对象（WHAT）？

③从什么地方着手（WHERE）？

④什么人来承担革新任务（WHO）？

⑤什么时候完成（WHEN）？

⑥怎样实施（HOW）？

⑦达到怎样的水平（HOWMUCH）？

（2）七步法：

第一步，确定革新的方针；

第二步，收集有关资料数据，作革新的准备；

第三步，将收集的资料数据进行分析；

第四步，将自由思考产生出来的各种各样的创造性设想——记录下来，并构思出革新方案；

第五步，提出实现革新方案的各种创造性设想；

第六步，综合所有有用的资料和数据；

第七步，对实现革新方案的各种创造性设想进行评价，筛选出切实可行的设想。

（3）行停法：

行停法是通过"行——扩散思维（提出创造性设想）"与"停——集中思维（对创造性设想进行冷静的分析）"的反复交叉进行的设问方法。其具体步骤如下：

行——想出与所需要解决的问题相关连的地方。

停——对比进行详细的分析和比较。

行——对解决问题有哪些可能用得上的资料。

停——如何方便地得到这些资料。

行——提出解决问题的所有关键处。

停——决定最佳解决方法。

行——尽量找出试验的方法。

停——选择最佳试验方法。

……直至发明成功。

（4）八步法：

①认清环境；

②设定问题范围与定义；

③收集解决问题的创造性设想；

④评价比较；

⑤选择最佳方案；

⑥初步设计；

⑦实地试验；

⑧追踪研究。

信息交合法

信息交合法就是一个由多维信息标组成全方位信息反应场，在这个反应场中，信息和信息交合产生新信息的发明方法。具体实施步骤如下：

（1）定中心。

将新研究的事物、物体或产品圈起来，确定它的位置。如：研究笔，则将笔圈起来，并把它作为一个多维坐标的中心。

（2）划标线。

根据中心信息的需要，通过坐标的中心，划几条坐标线，准备串起有关信息序列。如：构造、功能、材料等等。

（3）注标点。

就是在信息标上注明有关信息点，如笔杆、笔帽、装饰、赠品……

（4）相交合。

以一条线上的信息为母本信息，以另一条标线上的信息为父本信息，相交可产生子信息，即新信息、新产品、新品种。如塑料与装饰交合为塑料装饰笔，再与温度交合，则为表示温度的塑料笔。

利用信息交合地进行发散思维时，要注意如下三个基本要求：

①整体分解原则。即把系统整体按一定程序进行分解。首先根据

目标的要求划分出不同的层次，按层次得到要素，一直分到需要的层次为止。

②信息交合原则。先要重视本体交合，即事物本身要素的交合；其次是打破原有功能的框框，引入不同类知识的信息标，进行大范围的"边缘交合"。

③结晶筛选原则。对组合中出现的千万个新品种，应根据评价的结果进行筛选。筛选时要注意新品种的实用性、经济性、易生产性和审美价值。

移植法

在发明创造中，将某个领域内原理、技术、方法、材料和结构引用到另一个领域内进行研究的方法，就是移植法。

移植法有两条途径，一条是将原理、方法应用于具体事物；另一条是为解决正在研究的问题，寻求可以移植的原理、方法。这两条途径的思考程度是不一样的。

（1）是将原理、方法应用于具体事物，思考方法如下：

①已知的原理或方法；

②列出这个已知原理或方法能产生的具体功能；

③列出现实生活中需要这些功能的事物；

④提出各种应用原理或方法的设想；

⑤检验这些设想。

（2）是为解决问题寻求原理、方法，思考步骤如下：

①提出对未来发明品的要求；

②明确需要解决的关键问题；

③列出在现实生活中能解决这个问题的各种装置；

④提出各种移植设想；

⑤检验这些设想。

扩展用途法

扩展用途法就是把一个现有事物的用途扩展到多方面用途，使其发挥更大作用的发明技法。

扩展用途法在发明的实际运用中，没有一种固定的思考程序，其思维方式是扩散型的，应该把握的重点是针对某一事物为了扩展用途而进行发散思维，引发出大量的创造性构想、评价，找出可行性最大的构想，努力使之实现。

（1）事物用途的扩展，常有以下几种方式：

①直接将某种东西运用到另一类事物中去，作用不变；

②在某种东西为主体的情况下，增添附加装置，用途不变，达到功能增加的目的；

③把某种东西同其他东西进行巧妙地组合，功能互相渗透。

（2）运用扩展用途法去发明要注意以下几点：

①经常思考一种物品在不同的场合下会有什么新的用途，是产生新发明的简便方法。

②从一种物品所具有的用途，去扩展它的新用途，也可能会有新的发明产生。

③经常注意研究废弃物品的新用途，也是取得发明成功的有效方法。

④对原有物品的性能稍加改变，扩展这种物品的新用途，也可产生新的发明。

9．学生物理小试验小制作小发明

鱼往哪里游

在一只玻璃瓶里盛满水，把一张绘有大鲨鱼的画片放在玻璃瓶后面。你把画片一会儿贴近瓶子，一会儿又远离瓶子，就会看到鲨鱼游动的方向改变了：一会儿向左，一会儿向右。

这里盛满水的玻璃瓶相当于一个凸透镜，我们就是运用凸透镜的成像原理改变了鲨鱼游动的方向。

人造彩虹

让一束太阳光线通过一个三棱镜，太阳光就会在墙上产生一条七色彩虹。你也可以做一个类似的实验。

拿一只大碗，盛满清水，把镜子斜放大水碗里，跟水平面成30度角。再用一张黑纸，中间剪一条较窄的长缝，包在手电筒的玻璃上。在黑暗的房间里，把手电筒的光照到镜子上，就会看到天花板上有一条彩带。

这个实验证明了白光中包含许多不同颜色的光，也就是波长不同的光。镜面上的水起着棱镜的作用，因为不同颜色的光，折射程度不同（红光折射得最小，紫光折射得最大），所以出现了不同颜色的彩带。

幻影

把门窗关上，使室内的空气稳定下来。在脸盆的盆底内辅上一层细沙，再在靠近脸盆的细沙上放一些硬纸做的房屋和树木。然后把脸盆放在有火的炉子上，等脸盆里的细沙发烫时，沿着盆沿仔细观察，会看到在对面的盆沿上，有倒悬着的房屋和树木的幻影。

这是光的折射造成的，沙面一薄层密度较小的热空气使光线发生折射，沙漠中会出现"海市蜃楼"也是这个原因。

杯底硬币

将一枚硬币投入装水的玻璃杯。先把头摆正，用双眼看，就会感到硬币处在与它的实际深度不相符的地方。所看到的硬币的水平距离是不是也发生了变化？

146

如果你用一只眼睛看，情况是不是一样？为什么？

杯底硬币反射出的光线射出水面时，在水和空气的分界上发生折射，折射线偏离原来射出的方向而靠近水面。观察者感觉到的物体位置，是进入双眼的两束光线的交点。因此，你会误认为光线是在比实物高的某一位置发出来。

用一只眼看时，只要方才两眼处于相同高度，情况一样。但是，如果把头向左或向右偏转一个角度进行观察时，则你所感觉到物体的位置，不仅比实际位置高，而且还向你移近了一些。

当你选择某一合适的角度（从水面斜上方）去看装有硬币的玻璃杯时，在水面上可以看到硬币的像。

如用干手紧贴玻璃杯外壁，则水面上的硬币没有什么变化；如果换一只湿手，则像就消失了。

这是怎么一回事？

原来，杯底硬币反射出的光线，一部分在对面的杯壁上发生反射，而其中又有一部分改变方向向上，再在水面发生折射。这样，只要你选择到某一角度去观察硬币，就能在水面上看到硬币的像。

湿手紧贴玻璃杯外壁时，手和杯壁间隙被水填满。因为水的折射率和玻璃近乎相等，所以，硬币的光线几乎全部没有反射，在水面上也就看不到硬币的像，当干燥的手贴杯壁时，对于内部的影响很小，水面上仍有硬币像。

奇妙的光线

把糖块放到盛有很多水的玻璃容器中，不加搅拌，一晖很细的强光束水平地射入容器后，被折向容器底，而后又及底面反射向上，不断地弯曲，最后又水平地射出容器侧壁。

光向来都是直线传播的，为什么会弯曲呢？

原来，糖块放入水里后，一时来不及溶化。容器底部的糖块积得

最多，折射率的改变自然也最大。这样，就造成深度不同折射率不等的情况。

细光束进入容器后，据折射定律可知，光线偏折向下，由于折射率随深度变大，故而越往下，光线弯曲得越厉害。当光线抵达底部后，又被反射、向上，再次不断地被弯曲，但是弯曲得越来越慢。

手心上的圆孔

把一张纸卷成直径约二三厘米的纸筒，用右手拿纸筒放在右眼上。左手在手心向里，靠近纸筒壁，放在左眼前面。这时候，你睁开双眼向前看，你会发现左手心上出现了一个圆孔！

毫无疑问，你看到的不过是幻象，因为人的两只眼睛一般只能产生一个映像，你用左眼右眼分别看不同的东西时，你的大脑很自然地把两个映像重叠在一起，所以左手上会"出现"一个洞，这也是眼睛会产生错觉的一个例证。

万花筒

用画报纸一层一层地糊个圆筒，在一端固定一块与筒内径大小相等的玻璃再在玻璃外贴一张同样大小的圆纸，中间留一目视圆孔。从圆筒的另一端垂直放入其长度略小于圆筒长度的三块长条玻璃，每条玻璃的长边对接，短边组成一个等边三角形，将它们固定好。再固定一块与筒内径大小相等的玻璃，固定好后放一些碎彩色塑料或彩色纸屑，有彩色碎玻璃更好。最后，在圆筒的最外端固定好一块与筒外径大小相等的毛玻璃，万花筒就做好了。

立体观察器

用铅笔和尺子在一张薄纸板正中画上一个简单的十字框。框边应约长5厘米、宽1厘米多，掏空十字框，留下方纸板。

去掉"十"字框后，将纸板成直角立放在一张画图或照片前。眼睛向下，通过十字开口看图（拍摄的建筑物照片，效果最好），几秒

钟后，平面图像变得具有立体感。如果你希望观看立体头像，这自制的观察器就能使你如愿以偿。

有趣的枕头

请你坐在转椅上，用最大的力量抛出一只枕头。枕头向前抛，你的身就会向后退，转椅就会转起来。枕头越重，抛出时用的力越大，转椅旋转得也越快。

这是因为你用力向前抛枕头时，枕头也产生一个力，向你反推过来。这就是牛顿第三定律：作用力与反作用力方向相反、大小相等。火箭在太空飞行，也是因为它飞行时不断喷出大量气体，强大的气流的反作用力推动火箭向前运动。

变形的纸圈

准备一个玩具电动机，一根细铁丝。用一段塑料套管把电动机的轴和铁丝对接上。另外用一条30厘米长，1.5厘米宽的厚纸条粘成一个圈。使铁丝穿过纸圈，并且通过圆心。把纸上端与铁丝固定牢，纸圈上端的小孔要比铁丝直径略大些。纸圈静止时，保持圆形，电动机一转动，纸圈跟着旋起来，这时候可以明显地看到纸图变成椭圆了，转得越快，纸圈就变得越扁。

我们居住的地球，经过几十亿年不停地自转，形成好了这样一个略呈椭圆形的星球。

听话的铁筒

先用锤子和铁钉在铁筒的顶盖和底面上各钉两个小孔。

剪一根长皮筋，使它交叉穿过四个孔，将皮筋的两端收头打结。

然后，将小的重物，比如一个铅块或螺丝钉加螺帽，系到皮筋的中心，即皮筋在筒内的交叉处。

重新把筒盖盖好，使铁筒在地上向前滚动。筒内的重物使铁筒的重心下降，于是便将皮筋缠绕起来。当你花在铁筒上的推力消耗完时，

缠住的皮筋反绕，铁筒便慢慢地向你滚回来。

皮筋越粗，铁筒返回的速度就越快。

真空萝卜

取一个新鲜水萝卜，用锋利的刀在萝卜中间切开，要求切得很平直。然后在中间挖个浅凹坑，把带有根须的半个萝卜的切面，按在盘子的中心位置，然后慢慢地提起萝卜，盘也会跟着萝卜被提起来。因为萝卜和盘子接触面有一层很薄的水，萝卜放提起来时，在萝卜的凹坑处形成了近似真空的状态，这时大气的压力就会把盘子托住了。在工厂里经常用真空吸盘来送材料，搬运零件。

跳舞的乒乓球

口对口地平拿着两个玻璃杯，两个杯子的距离不能太大。在一个玻璃杯里，放一只乒乓球，用嘴往这两个玻璃杯的中间用力吹气，你会发现，吹一下，球就会从原来的玻璃杯里跳到另一个杯里，再吹一下，球又跳回原来的玻璃杯中，不断地用力吹气，球就会在两个玻璃杯里不断地跳来跳去。

因为气体的流速越快，它侧面的压力越小，乒乓球就是被你吹出的气流"吸"得跳来跳去的。

激流中的小球

拿一只乒乓球，放在水龙头下边的地面上。打开水龙头，让水形成一股均匀的细流；调节小球位置，使它正好处在水柱正中。这时候，球不会被冲走，只在原地滚地。这是因为水流使附近空气的流动速度加快，根据伯努利定理，气流加速，空气的压力就会减弱。这样，它周围的空气压力相对比较大。大气压力把乒乓球推向压力较小的水流区域，所以小球就在原地滚动。

玩具气枪

把薄壁管子插进一块生土豆片里，土豆就会嵌进管子的一头，把

管子堵住。用同样的方法把管子的另一头也堵住，这就成了一支土豆气枪。用木棍或铅笔把一头的土豆慢慢地往管子里推。注意，这时一定要推得准确，要敏捷。预备——射击！"啪"的一声，另一块土豆就像子弹一样向目标射去。

因为管子两端的土豆片把管里的空气密封起来了，当一块土豆被快速推向另一端时，管里会产生较大的气压，把另一端的土豆射出去。

其实不用土豆，用浸湿的废报纸团代替土豆，也可以玩这种游戏。

巧取硬币

在一张铺有台布的桌子上，倒扣一只玻璃杯，杯的边缘用两枚平放的五分硬币垫起来，杯于中间放一枚一分硬币，你能够既不触到玻璃杯，又不触到五分硬币，把那枚一分的硬币从玻璃杯下面取出来吗？

用手指甲在靠近杯口处向你自己的方向刮桌布，注意那硬币，它会缓慢地向你"爬"来，不一会儿就从杯中底下顺顺当当地"爬"出来了。

这是由于你每刮一次台布，就把台布向前拉一点，硬币也就向前移动一点。手指抬起时，台布的弹性使台布很快缩回去，由于惯性作用，硬币却停留在移动后的地方。这样多次刮动台布，硬币就"爬"出来了。

烟圈炮

找一个硬纸筒，把两个口用牛皮纸封住，牛皮纸要尽量绷紧。在一端的牛皮纸当中剪一个直径约 1 厘米左右的圆孔。这个纸筒就算是炮身。要放烟圈，就得要有烟，这只得请一位会抽烟的人从小圆孔中吹进几口浓烟。把炮放平，用手指一下一下地弹纸筒的底面，就会看见一个个美丽的烟圈从圆孔里飞出来。即使没有烟，用同样的方法弹筒底，也能产生看不见的气浪。如果炮口对得很准，一个气浪就能把十几厘米远的蜡烛火焰扑灭。

因为弹击筒底时，纸筒里的空气受到压缩就从小孔中喷出，形成一个气浪，这种气浪的速度和力量都比较大，足以把烛焰扑灭。

哪个先落地？

找两张报纸，把其中一张揉成一团拿在左手，另一张保持原样拿在右手，然后一齐举过头顶，并同时放手。这时你可以看到揉成团的报纸很快地落到地上，而平展的报纸慢慢地飘落下来。

空气对运动着的物体有阻力，物体的面积越大，受到空气的阻越大，所以平展的报纸比揉成团的报纸下落得慢。汽车、火车、飞机的外形都做成流线型，目的也就是减少空气阻力。

巧断铁丝

取两根长约 15 厘米的木条，中间用铰链连接。在木条两端钉上两只钉子，并用金属片挡在木条的两端。把细铁丝绕紧在钉子上。绕过金属片绕到另一端的钉子上，同样绕紧，并使两根木条成 150 度夹角。这时，只要用一个手指在人字形木条的中间处往下一按，铁丝就能被绷断。

如果两根木条的夹角很大（接近 175 度左右），根据力可以分解与合成的原理，在两根木条交接处施加一个垂直向下的力，就可以使细铁丝受到比这个力大六七倍的力，从而使细铁丝绷断。

难舍难分

找两本比较厚的书，把它们的书页页对页对插起来，对插的书页越多越好。然后请一位同学用双手抓住一本书，你也用双手抓住另一本书。现在你们用力拉吧，你们会发现，这两本书很难被拉开。

这是由于书页与书页之间存在着摩擦力，虽然这种摩擦力并不大，但是由于对插起来的书页很多，这些书页之间存在的摩擦力加起来就形成了一个非常大的力了。

筋斗大王

找几个大小不同的钢珠和几张包香烟的铝箔纸。先把铝箔纸放在水中浸泡片刻。用手搓掉铝箔后面的衬纸。把铝箔剪成长方形，按钢珠大小卷成圆筒，把两头捏紧，使里面历钢珠不会找几个大不不同的钢珠和几张包香烟的铝箔纸。先把铝箔纸放在水中浸泡片刻，用手搓掉铝箔后面的衬纸。把铝箔剪成长方形，按钢珠大小卷成圆筒，把两头捏紧，使里面的钢珠不会掉出来，然后放在纸盒中摇动一二十下，圆筒的两头就成了圆的了。这时把它们放在粗糙的斜面上，它们就会不断地向下翻筋斗。有几个大小不同的"筋斗王"一起翻筋斗，更是有趣。

因为钢珠和铝箔的摩擦力很小，而铝箔和粗糙斜面的摩擦力较大，"筋斗大王"从高处向下翻滚的时候。钢珠在铝箔壳内由高处迅速落到低端，和铝箔外壳一起滚动半圈后，钢珠又处在高处，所以就不断地翻起筋斗来了。

奇怪的漏斗

用胶布或胶带把两个漏斗的大口相对粘住。做一个硬纸"桥"，要求"桥"的中间高于两端，但高低之差要小于漏斗大口的半径。"桥"中间最高处的宽处要小于漏斗两个颈部之间距离。

把这对漏斗放在"桥"的一头，它会滚向"桥"的顶部。

对"桥"来说，漏斗好像是在向上滚动。实际上，漏斗上对桌面来说，它的重心是向下降。

空气压缩器

将玻璃瓶放在一盆水中，瓶底向上。立好瓶子以前让其进水，而皮管的一头则伸到瓶中。

向皮管吹气，你会看到瓶中的水位因你用力吹入空气而下降。放开管口时，你会听到空气逸出时发出的噬噬声，同时还会看到瓶中的水位再次上升。

也许你会觉得奇怪，为什么向瓶内吹进了许多空气，而水位下降下多？那是因为，在密闭的空间，空气是被压缩了的。

摩擦生电

把一张干燥的报纸铺在塑料贴面或有玻璃板的桌面上，用一小块的确良织物用力地在报纸上摩擦半分钟，使报纸带上大量电荷。把一块食品罐头上的圆铁片放在报纸中央，然后用双手把报纸提起来。这时，不论是谁，只是用手指很快地接近圆铁片，在指尖和圆铁片之间就会产生一个美妙的火花。改用尼龙布和羊毛织物做同样的试验，可以比较出哪种物质能使报纸积累更多的电荷。

在干燥的天空里，用一张烘烤过的干报纸来做这个试验，效果最好。甚至可以产生 3 厘米左右长的火花。

特殊的电池

找一些各式水果，如桔子、苹果、梨子等等。再弄来两根套有外皮的导线（非裸线），一个灵敏度高，适于较小电压的电流计或安培表。

请问，你有什么办法让水果产生电流？

如何测知证实？生物电池很早就为人们熟知，有人拿它来制造手表，有人认为它是一种清洁的，有利于环保的能源。

土豆以及其他一些蔬菜也能做成一个小小电池。那两根导线上应该各自绑上一小片铜棒及锌棒。将它们同时插入同一样水果蔬菜中，一般都能生微弱的电流。

大家可以捉几只蚂蚁蜻蜓之类的小动物，用那两根导线触击它们，看看有何反应。如果导线上产生了电压，小动物又会怎样呢？

再请大家想一想，导线上还可以系些什么小片，以产生电流？究竟哪一根导线的端头应该算正极，哪一根算负极？

以声消声

找两只蜂鸣器，缚在一根长约两三米的竹竿两头。在离竹竿重心相等的两点系两根细绳，把它吊起来，并且绞紧细绳，让蜂鸣器发声后，放开细绳，竹竿就会转动起来。如果我们站在旁边，就能感觉到蜂鸣器的响声时高时低。

这是因为声波会叠加。两只蜂鸣器发出的声波传到我们耳朵的时间有先有后，如果一个声波的波峰到达你站的地方时，正好另一个声波的波谷也到达这里，它们就会互相抵消或削弱，这时候响声就低。

运用"以声消声"的原理可以削弱噪音。

水笛

这是一种乐器，实际上是一种简化了的竖笛。在奶瓶里倒上一瓶水，然后插进一根较粗的玻璃管，把嘴缩成 O 形靠在玻璃管口沿水平方向吹气，如果吹的方法正确，就能吹出声音。吹气时把奶瓶上下移动，可以改变音调，奶瓶抬得越高，玻璃管进水就越多，音调也就越高。

当气流冲击玻璃管口时，管口空气产生振动就发出声音。音调的高低由玻璃里空气的体积决定，体积越小，音调越高。

打电话

找两部电话机，以及一位实验伙伴。你和他（她）分处两端。然后，你拨对方的电话号码，待接通后，依声音由小至大地说话，问对方自己究竟说了些什么，清不清楚？

你会发现，当你扯破嗓子大声喊叫时，对方反而听不清楚，这是怎么一回事呢？

常见的电话话筒内有一片振动膜，膜上有一颗颗能导电的炭粒。当发话人音调太高时，振动膜振动很快，不能较好地随着声波的振动传送信号。这样，听话人听到的声音就会失真，就不容易听清楚了。

锯条琴

断了的废钢锯条是容易得到的，可以用它做一个锯条琴。

收集一些废锯条，像琴键一样从左到右、由长到弹动锯条，锯条产生振动，不同长短的锯条会产生不同音调的声音。长锯条的音调比较低，短锯条的音调比较高。还可以依口琴的音为标准，来校正锯条的长短，使锯条的音调和口琴的音调一致。这样，就成为一台可以演奏的锯条琴了。

气球传声

取一只大小适当的气球，把它吹大到直径 25 厘米左右。用细绳把气球吊在竹竿上，并使细绳能在竹竿上移动。在竹竿的一边挂一个闹钟，让闹钟的正面对着气球一边的中心。你站在气球的另一边，距离应当是使你正好听不清闹钟的"滴答"声。移动气球位置，或调整你所站的位置，原来听不清楚的声音突然变得清楚了。这是球内的气体把声音会聚到你耳边的缘故，只要把比空气密度大的气体充入气球，都能起到这种作用。我们这只气球里充入的就是你吹出来的二氧化碳气体。

找磁铁棒

选两根完全相同的小铁棒（缝衣针也可以），其中一根在强磁铁的一个极上擦几下，使小铁棒也带磁性。另一根则没有磁性。对于这样两根外表一样的小铁棒，你能不借用其他东西的帮助，把那根带磁性的小铁棒找出来吗？

办法是有的，拿一根小铁棒的一端去接触另一根小铁棒的中间。如果端部吸引另一根小铁棒，那么你拿着的那一根是有磁性的。如果互相不吸引，那么你拿着的那根是没有磁性的。因为任何磁铁的磁性都集中在靠两端的地方，而中间几乎没有磁性。

转动的铅笔

把一支铅笔放在地毯上。你能不用手触及铅笔，而使铅笔按一定方向转动吗？其实这很容易，只要光着脚在地毯上跺几下（只有在干燥的日子才有效），然后伸出一只手指去接近铅笔，铅笔就会跟着你的手指转动。因为你用脚在地毯上摩擦的时候产生了静电，因而手指上也带上了静电荷，静电吸引使铅笔转动。

磁画

在一块书本大小的硬纸板上，画上一个脸谱，然后把细导线沿着脸谱的轮廓布设在上面，并用透明胶纸把它粘住，不使它松动；再用一块同样大小的薄硬纸板，合在上面，用胶纸把两张纸粘牢。在薄纸上面撒上细铁屑。把细导线的一端串联一个 $2 \sim 3$ 欧姆的电阻后和电池的一个极相接，导线的另一端和电池的另一个极相接。轻轻地敲打硬纸板，纸板上就会魔术般地出现一张人脸。如果你能把导线和电池隐藏起来，并用隐蔽的开关控制电流，那就能让观看的人目瞪口呆。

这是因为电流通过导线时会在导线周围产生电磁场。当你敲下硬纸板时，靠近导线的细铁屑受磁场作用而聚集起来，形成画像。

10. 学生化学小试验小制作小发明

人造小火山

在一只蒸发皿内，用水将烧石膏调成糊状。在另外一只蒸发皿的中央竖起一支试管，把糊状的烧石膏倒在试管的周围，并把石膏堆成小山的形状，当石膏开始干固时，把试管拔出来。等蒸发皿内的石膏干固以后，依然是一座雪白的"小山"。不过，这座"小山"与众不同，它的中间有一个大洞，这就是"火山口"。

这时，应及时地把装糊状石膏的蒸发皿和试管洗净，因为放久了，上面的石膏干固后，不易洗去。

在"小山"中央的洞内装满重铬酸铵固体，再在重铬酸铵固体中插一条浸透酒精的滤纸，把滤纸点着，固体即被引燃（也可以把点着的火柴插到重铬酸铵固体中，把它点着），重铬酸铵固体即分解，从"火山口"发出嘶嘶的声音，并喷出红热的三氧化二铬固体。等重铬酸铵固体分解完了后，白色的小山坡上布满了绝色的"岩浆"。

玻棒点火

利用氧可以助燃的原理，我们可以再做一个十分有趣的实验。

取约一克高锰酸钾晶体，压碎后放在一块玻璃片上。再取 $2\sim3$ 滴浓硫酸，滴在高锰酸钾上，把滴有浓硫酸的高锰酸钾均匀地粘在一根玻璃棒的一端。把酒精灯的罩盖取下，用粘有高锰酸钾和浓硫酸的玻璃棒接触灯芯，酒精灯立刻就被点着了。

不用火柴、打火机，只用一个玻璃棒就能把酒精灯点着，真是奇妙！其实，当你知道发生这个现象的道理后，就不会感到奇怪。原来高锰酸钾（实验室制备氧气的一种原料）是一种强氧化剂，它和浓硫酸作用时，能产生氧气并入出热量。酒精又是燃点低、易于挥发的液体，在这些氧气和热量的作用下，足以使酒精燃烧，于是当玻璃棒接触灯芯时，酒精灯便被点着了。

因为高锰酸钾与水作用能释放出初生态的氧，所以医药上用它作杀菌、消毒剂。百分之四的溶液可治烫伤。很稀的溶液常用来洗生食的蔬菜和水果，用以灭菌。

巧除铁锈

把草酸溶解在水里，配成5%左右的草酸溶液，再把沾了铁锈的床单衣物泡在草酸溶液中搓洗。不一会儿，白床单上的铁锈就被洗掉了。用草酸洗完后，还要多用些水把草酸洗掉，因为草酸是有腐蚀性的，不能让它留在床单上。为什么草酸能除掉铁锈呢？原来草酸能够

和铁锈发生络合作用，生成无色的可溶性的 $H_3[Fe(C_2O_4)_3]$，所以台钻把铁锈除掉。

当然，除掉铁锈可以用其他方法，例如，利用氟化钾或氟化钠与铁锈的反应，把它转变为可溶性的无色的 $K_3[FeFD_6]$ 络合物，然而这两种药品不如草酸好，也不如草酸容易得到。

掌握了除铁锈的方法，不仅能除掉自床单上的铁锈，对其他沾污铁锈的衣物也是适用的。

自制肥皂

在下面的一个实验中，把食盐（氯化钠）加入肥皂水里，会立刻析出固态皂来，就像是食盐变成了肥皂一样。取一支试管，注入 $2-3$ 毫升清水，放入一块豌豆大的肥皂，用小火加热，使其溶解。冷却后，加入 10 毫升水，再加少许干燥的食盐，用力振荡。随着食盐的溶解，肥皂液开始变混浊，终于呈凝乳状的白色沉淀物析出来。食盐变成了"肥皂"，浮在透明的液体上面。将肥皂取出后就会发现肥皂更洁净了。用来洗手效果一样。

原来这块肥皂并不是食盐变的，而是溶解在水中的那块肥皂又重新析了出来。这主要是因为食盐的溶解度比肥皂（家用肥皂多为硬脂酸钠盐）溶解度大，溶液中钠离子增多了，钠皂的溶解度就逐渐降低，最后终于从溶液中析出，而食盐却仍然留在溶液中、化学上称此过程为盐析作用。浮在上面的沉淀物叫"核"即纯肥皂。"盐析皂"之名即由此而来。

肥皂的种类很多，普通的肥皂叫钠皂。在钠皂中加入香料和染料就成为家庭用的香皂。

在肥皂生产中，可以用盐析法去掉杂质。用苛性钠水解时，所得的粗制凝结物内含甘油、碱及盐，为了除去这些杂质，就需要加足量的水，将粗制皂煮沸成糊状溶液，再加入食盐将其沉淀，如此重复数

次，即可除去杂质，又能回收甘油。

怎样制指示剂？

称取白色水珠花 2.25 克，用 40 毫升酒精（水与乙醇比为 1：1）浸渍，得到黄色浸出液，倒入试剂瓶，待用。

水珠花浸渍液在酸性溶液中变无色，在碱性溶液中显黄色。

取一个约 200 克的红萝卜（或紫萝卜），用水洗净，把萝卜皮小心刨下、放入研体中用力研碎、捣烂，使其成浆状。量取 1～2 毫升酒精倒入其中，使萝卜皮中色素充分溶解，再用 20 毫升蒸馏水加以稀释，并充分搅拌。试在不同 pH 值溶液中，观察变色情况。

其他如月季花、菊花、一串红、百日草、喇叭花、南瓜花、桔皮、善薯皮等浸出液，在酸、碱溶液中，都显示出不同变色情况，因此均可制成指示剂。

蛋上开花

鲜蛋一只，竹片若干，石蜡，5%～10% 的稀硫酸，10% 稀盐酸。蒸发皿、小刀、毛笔、酒精灯、医用针筒和针。

将鲜蛋洗净，用针筒将蛋内蛋清蛋黄均抽取，（用敲小洞倒出蛋清、蛋黄方法也可，但要小心）保留完整蛋壳。竹片洗净待用。蛋壳上用铅笔画上花卉或写上字，竹片上可用铅笔画上花卉或写上字，将石蜡放在蒸发皿加热熔化，然后用毛笔在蛋壳上比画和字的范围稍大些涂上一薄层石蜡，干后，按底画（字）用小刀刮去石蜡，滴入稀盐酸，让其作用后，用水冲去，然后在热水中除去石蜡，即可制蛋壳工艺品。要在竹片上刻花工刻字，用毛笔（或针筒）酪取稀硫酸溶液，在竹片上按底画重复画上，晾干后把竹片在酒精灯上烘烤，即可得褐色的字或花。

指纹现形

在手指上涂一层极薄的凡士林或擦手油（注意，只要轻轻一抹就

可以了），然后让手指在一张白纸上压一下，你的指纹就会留在这张白纸上。这时，你当然看不出纸上有什么痕迹。

在一支干燥的小试管中加入少量碘片，放在酒精灯上加热，即产生紫色的碘蒸气。让刚才那张按过指纹的白纸与碘蒸气接触，就会在白纸上显现出你的指纹。

如果找不到碘片，也可以用消毒用的碘酒来代替，但是加热的时间要长一些，要等碘酒中的溶剂挥发以后，才能产生碘蒸气使白纸显现指纹。

做完实验以后，你一定会问，指纹是怎样显现出来的呢？原来当你的手指上涂了一薄层凡士林以后，只在指纹的凸出处抹上油，而在指纹的缝隙中是没有油的。这样，当你的手指压在白纸上以后，纸上一部分吸上了油，而另一部分没有吸油。如果用碘蒸气熏纸，有油的地方是不会吸附碘蒸气的，而没有油的地方则会吸附碘蒸气，于是正好显现出你的手指的指纹。

巧寻二氧化碳

当一颗子弹里的火药或炸药爆炸的时候，猛然释放出大量气体，使爆炸力具有极大的破坏性。那么，子弹还没有发射，炸药还没有爆炸的时候，这些气体藏在哪里呢？原来这些气体都是由固体物质产生的。搞一次小型的、不会造成什么破坏的爆炸，我们便可以了解到这种化学作用是怎样产生的。

找一只大瓶子和一只能够密封瓶口的软木塞子。先将一张小纸折出一条折痕，再把纸摊开，放上两大匙发面团用的发酵粉。把发酵粉徐徐倒入瓶里。预备好一支试管，里面装满醋，并且把软木塞用水打湿。

动作要快。一只手拿着软木塞，另一只手拿着盛满醋的试管，把醋迅速倒进瓶里，立刻把塞子塞上，但注意不要塞得太紧。

瓶子里的东西突然发出噬隆声，涌起很多泡沫，不一会瓶塞就会呼的一声飞起来。

发酵粉是化合物碳酸氢钠的俗名。它由钠、氢、碳和氧等元素组成，与醋混合以后，经过化学反应，放出一种叫做二氧化碳的气体，这种气体在瓶子里面集结起来，最后把瓶塞给冲跑了。

气体灭火

擦燃一根火柴，放入空牛奶瓶或大口瓶的瓶口，火柴能继续燃烧。这是因为火柴能够从它周围得到燃烧所需要的氧气。

现在再做一个实验。将一大汤匙发酵粉放入牛奶瓶或大口瓶里，再倒入 1/4 玻璃杯的醋。瓶子便给渐渐释放出来的二氧化碳气体了，这就好像水装在瓶子里面一样。

将燃烧着的火柴放在到瓶口试一试，一下子就熄灭了。这一次火柴放到瓶口就熄灭的原因，是火柴周围已不存在帮助它燃烧的空气。

你做的这个实验也证明二氧化碳的气体密度比空气密度大，它不是浮在上面而是沉在瓶底的。我们还能把二氧化碳气体像水一样从这个瓶子倒到另一个瓶子里去，下面就做这个实验。

把一小段矮于瓶口的蜡烛放在一个大口瓶里，并把它点燃。

按上述实验方法另外用一只瓶子准备好一瓶二氧化碳气体。当这只瓶子里的大的气泡冒得少了时，即把里面的二氧化碳气体像倒水那样慢慢地倒入放着蜡烛火的大口瓶里。注意别把瓶子里的醋给倒了出来，二氧化碳气体在大口瓶里满到烛焰时，烛光即自行熄灭。然而你却看不到二氧化碳气体，只能看到烛火灭掉了。

在二氧化碳气体中什么东西都无法燃烧，所以它是很好的灭火剂。我们在学校里和其他建筑物的墙上看到灭火筒，里面就藏有二氧化碳气，不过它已经和肥皂状液体混合在一起了。一喷，它能产生泡沫，射向火焰把火熄灭。

会飞的卫生球

当你到离店去买卫生球时，就会闻到一股樟脑的气味。不过现在市售的这些卫生球，不是用樟脑做的，而是用一种从煤焦油中提炼出来的物质"萘"做成的。这种东西虽然没有翅膀，但它会飞。

下面我们做一个实验，来观察一下。

取几颗卫生球，砸碎后放在一个去掉盖，洗干净的香脂盒里，然后把铁盒放在火上慢慢加热。再在一只烧杯中注入冷水，用手拿着放在铁盒的上边（要保持3～5厘米的距离）。过一会儿，铁盒中的卫生球就都飞到烧杯底上去了，所不同的，原来是碎块，飞到杯底上的却变成了粉末。

卫生球真的飞起来了吗？原来萘有升华的性质。这个实验便是萘的升华现象。卫生球受热后，萘由固态直接变成气态，蒸气上升后遇到温度较低的杯底，就又由气态直接凝成粉末状的固态，聚集在杯底上。

萘的升华现象，不仅在加热的时候发生，就是在常温的情况下也十分容易发生，只是比较缓慢了。把新买的卫生球放在衣服箱子里，过一个夏天就变小了，把衣服拿出来，带有卫生球气味。这就是由于萘的升华作用，使萘的分子飞离卫生球表面，沉积的衣服上的缘故。

萘的主要来源是煤焦油，但这样分离出来的萘含着大量杂质，往往需要精制。在工业上就是采用升华的办法去掉萘中的杂质，这样获得的萘，纯度可达98.5%～99.5%。

奇妙的变色花

用滤纸（易吸水的纸）或棉花制作的花、$C_oCl_2 \cdot 6H_2O$。镊子、酒精灯、烧杯、玻棒、药匙。

在烧杯中用 $C_oCl_2 \cdot 6H_2O$ 晶体配成饱和溶液。用镊子夹取纸花（或棉花制作的花）在其中浸泡，晾干，反复多次至呈红色为止。

将红花放在酒精灯火焰上方烘，观察颜色的变化。然后再在花上喷水，再烘干，反复几次，得出变化规律。

也可将烘干的一束浸泡过 C_oCl_2 饱和溶液的花，插在花瓶中或挂在墙上，当做晴雨花。

用 $C_oCl_2 \cdot 6H_2O$ 饱和溶液浸过的花呈红色，当烘干后呈蓝色。再喷水后又变成粉红色，再烘干又变成蓝色。

当烘干的一束蓝色氯化钴的花，遇到空气中较多水分时，颜色会逐渐变红，预示天气可能下雨；若一直保持蓝色，表明天气晴朗，因此可称晴雨花。

不怕烧的布

取一小块棉布，蘸上水后放在桌面上，将击碎了的卫生球放在上面。然后擦着一根火柴，将放在棉布上的卫生球设着，待火焰熄灭后，将布块拿起来看，布块仍然完好无损。布块为什么没有丝毫烧杯的痕迹呢？因为卫生球的成分是一种有机物——萘。它是由易燃物质碳、氢两种元素组成的，又具有升华性质。把它放在棉布上点燃时，升华和燃烧就同时发生，虽然萘的蒸气在燃烧的时候放出大量的热，但同时发生的升华现象，要吸收热量，还有一部分热量要消耗在升高茶蒸气，达到燃点使茶燃烧上面。所以，和棉布接触部分的温度是比较低的，再加之浸过水的棉布又要吸收大量的热。使水变成蒸气，因此，总共消耗的热量就更多了。这样一来，火焰的温度就被降低，甚至远远低于棉布的燃点，所以棉布一点也不会烧坏的。

根据这个原理，还可以做一个简单有趣的实验。取一个卫生球（不要击碎）。用一块新棉布紧紧地包好，用镊子夹住，然后用火柴点燃小布包。小布包就会着起来（不要让火着的时间太长，就让它熄灭），观察一下布，布并没有被烧坏。

糖水结晶

要是将砂糖放在水中慢慢搅动，一粒粒的砂糖变得越来越小，渐渐就看不见了。这是因为水把砂糖分成一个一个的分子，糖的分子和水的分子均匀地混合在一起的缘故。

凡是像砂糖那样可以与液体溶在一起的物质叫做可溶物质。溶解了的糖虽然不见了，但是它仍然存在于水中，我们能够把它再取出来。下面让这我们来做这个实验。

把一杯清水倒在一只平底锅里，搁在炉子上煮，水快开时，将火弄小些，同时把砂糖加进快开的水中。砂糖要一点一点慢慢地加，一直加到水刚好再也溶解不了砂糖为止。一杯水大概可以溶解 400 – 600 克的砂糖。然后将这糖水倒回玻璃杯。

在铅笔上结一棉纱线。这段线的长度应与玻璃杯的高度差不多。线的一端系一颗纽扣或回形针，把这根线拉直。随后把铅笔搁在玻璃杯的口上，吊着纽扣的线悬挂到盛糖水的玻璃杯中去。将这杯糖水移到较为暖和的地方，放上几天。当提起来看时，棉纱钱上已经结满了霜一样的东西，这种一粒粒的东西就是糖的结晶。

被溶解的固体物质重新从液体里提取出来后，就会形成多面体的结晶体。

如果糖水冷却了，就溶解不了糖，一部分糖水会重新变成结晶状的物质。如果糖水渐渐地冷起来，结晶的颗粒就会大些。

浑水变清

在河流入海的地方，常常有一些叫三角洲的陆地，这些陆地是怎样形成的呢？为了弄清这个问题，我们不妨做一个实验。

在一个茶杯中放入一些泥土和水，充分搅拌后，使其静止。待大颗粒沉淀后，把上层混浊的水倒入另一个茶杯中。然后把明矾（硫酸钾铝）研成粉末放到杯子里搅拌几下，过一会儿，原来浑浊的水就变得清澈透明了。

原来水中的那些小泥土微粒（称"胶体"粒子）都带有负电荷，

当它们彼此靠近时，由于静电斥力，总是使它们分开，没有机会结合成较大的颗泣沉淀下来，所以就会在很长时间内在水中悬浮，甚至几天也不能沉下来。当加入明矾后，明矾和水发生化学反应，生成了一种白色的絮状沉淀物——氢氧化铝，和带有正电荷的粒子。当它与带负电荷的泥，沙相遇时，正、负电荷就彼此中和。这样，不带电荷的颗粒就容易聚结在一起了，而且，聚结后颗粒越来越大，终于会克服水的浮力而沉入水底，水也就变得十分清澈了。

从这个道理中，我们就能解释河流入海处三角洲的成因了。河水里带有大量的泥沙，当它流入海口的时候，流速减慢了，大颗的泥沙就自动地沉下来，那些小颗粒的泥沙在海水中的食盐、硫酸镁等带正电荷的物质（电解质）的作用下，电荷抵消，变成不带电的颗粒而沉淀下去，天长日久，就变成了三角洲。

烧不断的麻绳

麻的主要成分是碳、氢、氧等元素。在加热时，借助于空气中的氧气，是很容易燃烧的。有什么办法能使它烧不断呢？

在一个空罐头瓶内加上热水，然后放入磷酸钾（磷酸钾、磷酸钠等可溶性的磷酸盐都可以），制成较浓（约30%左右）的溶液，再把30厘米左右长、毛衣针粗细的新麻绳放在制得的溶液中浸透，取出后晾干。把晾干了的麻绳浸在浓度为3%的明矾（硫酸钾铝）溶液里，浸透后再取出晾干。这样，这根绳任凭你放在火上烧，怎么烧也不会断的。

为什么麻绳浸过磷酸钾和明矾溶液以后就烧不断了呢？从上面的实验中我们知道，燃烧是一种比较常见的化学反应。在通常情况下，燃烧必须具备三个条件：一是可燃性物质；二是支持燃烧的氧；三是达到着火点的温度。因为磷酸钾和明矾都不是可燃性物质，它们不能支持燃烧。把麻绳浸在用这两种物质制得的溶液里，磷酸钾和硫酸钾铝的分子就沉淀在纤维的外面，形成一种保护层，把易燃的炭、氢、氧组成的纤维素和空气隔开，火焰也不能直接接触它，用火去点时就不再燃烧，当然也就燃不断了。

巧写"情报"

白纸一张、白醋（或洋葱头）、干净毛笔一支、酒精灯（或蜡烛）。

用白醋（或洋葱汁）在白纸上写字，干燥。写过字的地方对着火焰烘，并不断移动，待字显现止。

原因是有机酸和纸发生化学反应生成了燃点低的化合物，在火上烘时发生了不冒烟、不发生的缓慢氧化反应。

气候图

有一种既简便、又有趣的制作一种气候图片办法的。找一张吸水性比较好的白纸，在纸的下半部用水彩画出绿色的草原。再用另一支毛笔把 $1M$ 氯化钴溶液均匀地涂刷在白纸的上半部，然后把这张图放在炉火上烘烤，或者把它放在酒精灯火焰上微热，直到纸的上半部变成蓝色为止，如果蓝色不深，可以再涂刷和烘烤几次。这时，你所画的气候图片就变成了蔚蓝色的天空下展示出一片茫茫的大草原。这蔚蓝色的天空就是无水氯化钴显示出来的颜色。

每当空气中的温度增大到一定程度时，蓝色的 C_oCl_2 就会吸水转为成玫瑰色的 $C_oCl_2 \cdot 6H_2O$，气候图片上蔚蓝色的天空也就变成粉红色了，它警告我们，空气中的温度增大了，或者说，可能要下雨。

等到天气变晴，空气中的湿度减少了，我们又能看到茫茫的大草原上无边无际的蓝天了。

土豆上作画

土豆若干只、市售碘酒一瓶、配制一定量的饱和硫代硫酸钠溶液，毛笔两支、小刀一把。

167

将土豆去皮或切开后，用一支干净毛笔蘸取碘酒涂在切面上，略干。再用另一支干净毛笔蘸取饱和硫代硫酸钠溶液在切面处作画。

在土豆切面上涂碘酒后，切面显蓝色。在显蓝色的切面上用硫代硫酸钠饱和液作画处显白色。显示了蓝底白色画面。

土豆中含有较多的淀粉，淀粉遇碘呈蓝色。硫代硫酸钠与碘因发生化学反应而显白色。

变形鸡蛋

把一个比较小的鸡蛋，放在一小碗 6M 盐酸里，不时转动鸡蛋，让鸡蛋壳与盐酸充分作用。几分钟后，盐酸就会把鸡蛋壳都溶解掉，使鸡蛋变成一个很软的被一层薄膜包围起来的蛋白和蛋黄。鸡蛋壳的成分是碳酸钙，它在盐酸的作用下会全部溶解。

鸡蛋壳被溶解后，小心地将碗倾斜，慢慢地把碗里的盐酸倒在另一个瓶内（供做下一实验用）。在碗内换进清水，再把水倒掉，这样反复几次，直到把鸡蛋表面的盐酸和腕里残存的盐酸都洗掉为止。清洗时一定小心，不要把鸡蛋表面的薄膜弄破。

清洗以后，在碗里倒满水，把这个柔软的鸡蛋泡在水中（注意，不要把蛋盖没），你会看到，鸡蛋在渐渐地肿胀。这个过程虽然很慢，不能在几分钟内立刻显示出效果，但是如果每隔一个小时观察一下，就会发现鸡蛋变大了一点。过了一天以后，你会看到这个比较小的鸡蛋变成一个很大的鸡蛋。这是细胞膜渗透造成的。

巧辨棉、羊毛和涤纶纤维

棉纤维的成分是纤维素，它是由碳、氢、氧组成的高分化合物，其中含有很多个葡萄糖单元。

羊毛纤维的成分是蛋白质，它是由 a⁻ 氨基酸组成的，其中除了碳、氢、氧以外，还含有氮和少量硫。

涤纶纤维（的确良）是由人工合成的高分子化合物制成的，所以

称为合成纤维。

这三种纤维燃烧时情况不同，由此可将它们区别开来。在棉布上抽出一根棉纱纤维放在酒精灯火焰中燃烧，不容易烧着，烧完后留下的是灰烬。

取一小段纯羊毛毛线，放在酒精灯火焰中燃烧，也能烧着，但燃烧时产生焦臭味，这种臭味类似于毛发或羽毛烧焦时产生的气味。这是因为它含有蛋白质的缘故。

从纯涤纶衣料（如涤纶织成的弹力呢）中抽出一根纤维，放在酒精灯火焰内燃烧，立即烧着且燃烧时纤维卷曲，最后熔化成小球。这是由于涤纶等合成纤维的原料都是高分子聚合物，它们的熔点都比较低，所以燃烧时会熔化成小球。

如果找不到纯涤纶的衣料，也可以用锦纶（即尼龙）纤维——尼龙绳、尼龙线（注意，不是塑料线）或破的尼龙袜（弹力锦纶袜）中抽出的纤维来做试验。锦纶纤维与涤纶纤维一样，也是合成纤维，因而燃烧时也会卷曲，并后成小球。

美丽的蝴蝶

取4个烧杯，倒入热水。然后分别往4个杯中逐次放入明矾。硫酸铜、铬酸钾和重铬酸钾，并用玻璃棒或竹筷搅拌，一直到固体物质不能再溶解为止。再用4根铁丝弯成4只"蝴蝶"，悬挂在制得的溶液中间。随着饱和溶液温度的下降，上述四种物质的晶体便不断地凝积在铁丝上，于是白色、深蓝色、黄色和橙色的四只蝴蝶就逐渐形成了，毛绒绒的非常美丽。注意，因为铬酸钾和重铬酸钾都是重金属盐，有剧毒，切不能入口，做完实验后要认真洗手。

这个实验的原理很简单，明矾、硫酸铜、铬酸钾和重铬酸钾在水中的溶解度随着温度的上升而增加，也随着温度的降低而降低。因此在热水中很容易溶解，并且会很快达到饱和。当放进冷铁丝弯的蝴蝶

后，温度开始下降。于是溶解度也随之减小，晶体开始析出，便逐渐凝积在铁丝上了。

这个实验成败的关键，在于选好药品。对于温度稍有下降，而物质的溶解度就会下降很多的药品，做这个实验效果最好。

根据溶解度和温度的关系，化学工业部门往往把一些不纯的物质溶解在某种溶剂中，利用降低温度或蒸发的办法，进行重结晶而获得纯净的物质。

星光灿烂

很多人都喜欢看焰火，有一类焰火像一闪一闪的星光一样，很引人注目。这是一种最简单的焰火，你只要有点铝粉或镁粉，在家里也可以做。

天黑时，先把酒精灯点着（如果没有酒精灯，也可以用蜡烛火），最好把屋子里的电灯关掉，然后慢慢地把铝粉或镁粉（铝粉俗称银粉，油漆颜料商店出售）撒在火焰上，就会产生一闪一闪的炫目的星光，但它比真的星光要亮得多了。这是因为铝粉燃烧时，生成氧化铝粉末，就会发出强烈的闪光。

做实验时要注意每次撒的铝粉不要太多，慢慢地撒。

马铃薯制淀粉

马铃薯里面含有大量淀粉。这里讲一种取出淀粉的方法。你就可以用取出来的淀粉做实验了。

取两只大马铃薯削皮、捣碎，将一手帕的四只角提起来做成袋状，把捣碎的马铃薯放进去。先将这一袋碎马铃薯浸入半碗水中，然后拿起来用力挤压。这样反复挤压几次，碗里的水就混浊了。

让这碗水放几分钟，碗底就会有一层白色的东西沉淀下来。轻轻将碗里的清水尽量倒干净，然后把碗搁在一边，让其余的水分慢慢挥发。

剩下来的白色粉末就是淀粉。拿出一点点滴上一滴碘酒试一试，其余的淀粉留待下次实验再用。

淀粉是一种具有多种用途的物质。它是一种供给人们能量的食物。玉米、小麦、黑麦和大米等食物中，都含有大量淀粉。在人体内，这些淀粉要先经过化学变化，转化成一种酪类，才能被吸收。

洗衣店里用淀粉来浆衣服，使衣服挺括。淀粉还用于纸张、胶水、炸药和其他许多东西的制造上。

除墨迹

如果你不小心把红、蓝墨水，红、蓝色圆珠笔油或盖图章用的红、蓝色印油沾在衣服上，是很难用肥皂或洗衣粉洗净的。这时可以用酸性高锰酸钾溶液除去这一类污迹。

高锰酸钾是家庭中常用的消毒剂，很容易从药店里买到。用时须把它配成 0.1M 溶液（质量百分浓度约为 2%），还要在溶液里加硫酸，这样便配成了高锰酸钾溶液（每 10 毫升高锰酸钾溶液加几滴浓硫酸）。然后把酸性高锰酸钾溶液滴在污迹处，红、蓝墨水等污迹就会消失。

为什么高锰酸钾溶液能褪色呢？因为红、蓝墨水，印油和圆珠笔油都是用染料配成的，而红、蓝色染料都是有机化合物，容易被高锰酸钾氧化，变成无色的物质。

在红、蓝墨水等污迹消失以后，上面会留下过剩的高锰酸钾溶液，它是紫色的。如果不把它除掉，则会在衣服上造成新的污迹。除去高锰酸钾的办法是在上面滴几滴 3% 过氧化氢溶液（可用医用的双氧水），它具有还原性，能把紫色的高锰酸钾还原为无色的硫酸锰。

最后，在衣服上的污迹被除去以后，还要用清水把衣服洗一下，以除去衣服上残留的化学药品。

引蛇出洞

看到过蛇出洞的人想必是很少的。一般人遇见蛇总有几分惧怕，胆小的人更会心惊胆战，谁还敢专门等在洞口，去引蛇出洞呢！不过，我们倒可以让你看一看"蛇"是怎样从洞里钻出来的，并且保证这条"蛇"不会伤害你。

把7克糖、7克重铬酸钾和3.5克硝酸钾分别磨成很细的粉末（注意！一定要分开磨），细心地把它们混合均匀，并用一张锡纸将混合物包成一个小包（包不宜太大，也不要把混合物包得太紧）。如果没有锡纸，则可以用聚乙烯塑料薄膜（即市售的薄膜食品袋）代替。然后将装好混合物的纸包（或薄膜包）放进一个用硬纸板卷成的纸筒内（纸筒要稍微大一些，使装好混合物的纸包能在里面自由移动）。

把纸筒放在水泥地上，将纸筒的一头点着，等到里面的锡纸包（或薄膜包）烧着后，你就会看到一条"蛇"慢慢地从洞内扭曲着爬出来。最后在地面上会躺着一条形象逼真的半尺长的死"蛇"。

水果催熟

有什么办法使生水果变熟呢？下面介绍一个催熟水果的实验。

先制取一瓶乙烯气体。

取一支圆底烧瓶，注入5毫升浓度为96%的酒精，然后慢慢加入10毫升浓硫酸（一定再将浓硫酸加入乙醇中，以免发生危险）。配一个带弯曲导管和一支实验用温度计的橡皮塞。将烧瓶固定好待用。

再找一个带螺扣盖的广口瓶（最好用装果酱用的铁盖玻璃瓶），装满水，倒入在水盆中，选一个刚放进瓶子里的绿色小苹果，或青西红柿。

准备好后，便可以进行实验了。

点燃酒精灯，给圆底烧瓶加热。注意：温度一定要控制在160摄氏度。将导管放进装满水的瓶中，用排水取气法制取一瓶乙烯气体。

取出瓶，将选好的苹果放进瓶中，将盖子盖好，拧紧，放到不见光的地方。几个小时后，苹果原来的颜色消失，生水果就完全熟透了。

这是什么道理呢？因为乙烯有一种特殊的性质：它具有促使植物的果实早熟的催熟着色的本领；还具有使动物昏迷、植物"睡觉"的麻醉能力。人们常常利用乙烯的这个特性，把快要成熟的水果摘下来，运到目的地，在乙烯气体中放置几天，使水果成熟。这样可以大大减少运输中的损失。乙烯也可以使大量的橡胶乳流出，提高橡胶的产量。

找淀粉

从家用药箱中拿出一小瓶碘酒，或者到外面药房里去买它一瓶。将一茶匙的面粉倒在半杯热水里面搅匀。再用茶匙盛一两滴碘酒倒入杯内，杯中的液体马上变成深蓝色。

你刚才做的这个实验，实际上是就是化学家用来检查某种物质里面里否含有淀粉的方法。许多植物都含有淀粉。淀粉的分子是由碳、氢、氧三种原子组成的。糖也是由这三种原子组成，不过组合方式不同，所以才使得糖和淀粉大不相同。

只是碘一碰上含淀粉的东西，这种东西就变成蓝色。上面的实验证明面粉里面含有淀粉。

用一小滴碘酒滴到一小片马铃薯、一条通心粉、苹果、麦片或者糖上面，看看它们中间哪几种里面含有淀粉。

化学烟圈

找一只马粪纸做的鞋盒，在盒的前侧开一个圆孔，可用打孔来钻孔，孔的直径大小以 5～10 毫米为宜。如果自制纸盒，大小以 300×150×150（mm）为宜，并要注意使纸盒密闭。

打开盒盖，在盒内放两只培养皿（或小烧杯），一只培养皿内加 10 毫升浓盐酸，一只培养皿内加 10 毫升浓氨水，盖上盒者，盒内立即产生浓厚的白烟（NH_4Cl）。

这时，你只要轻轻地拍打一下盒盖，一个白色的烟圈就会从圆孔中射出，和真的烟圈几乎没有什么两样。

碘酒变色

在皮肤肿处涂上碘酒，开始是深紫色的，可是过了几天颜色就会全部消失了。碘酒的颜色哪里去了呢？

若想知道碘酒颜色的去向，让我们先做一个实验吧。

找一个装药片的小玻璃管，洗净后烘干。取高粱米粒大的碘放进小管底部，用镊子夹住放在火焰上加热。当出现紫色的气体后，将一干净的小玻璃片放在管好上，停止加热。这时就会发现，这种气体遇冷后并没有变为液体，在玻璃片上凝结成一堆暗黑色的、有光泽的晶体。这证明碘具有升华的性质。了解了碘的这种性质，我们就会明白，涂在皮肤上的碘酒颜色的消失，是由于碘酒里的碘在体温的作用下，逐渐升华的缘故。

碘是法国化学家古尔多瓦在 1811 年的一次实验里，把硫酸倒在海草灰制备的碳酸钠中发现的。当时古尔多瓦没有确认这种物质是什么，后来在他朋友的帮助下，才弄清这种物质就是我们今天做碘酒用的碘。

燃烧的冰块

做这个实验前，自己可以先制一块冰。特别是在夏天不好找冰的情况下，更为需要。

找一个装香脂的小铁盒洗干净，盛半盒水。再买两只冰棍，把冰棍敲碎后，和二汤匙洗涤盐混和，放在一只饭碗中。把香脂盒放在里面，然后用蘸湿的毛巾盖住饭碗，过约 15～20 分钟后，铁盒里的水便结成冰了。

把冰取出后，例可进行实验了。

取一小块电石（碳化钙），放在冰块上。然后擦着一根火柴，往冰和电石接触的部位一点，片刻就着起火来，而且越烧越旺，就像冰

着了火一样。但当电石消耗完以后，火焰也就渐渐地消失了。

冰块和电石放在一起能够着火，主要是因为电石和水能发生激烈的反应，放出一种可燃性气体——乙炔（电石气）。当我们用点燃的火柴接近冰块时，使冰块发生微融，产生少量的水。水和电石发生化学反应，生成乙炔气。乙炔通火开始燃烧。乙炔燃烧后，产生的热量进一步使冰融化。水又和电石发生作用，不断的生成越来越多的乙炔气，火焰就逐渐地旺起来，直到电石作用完结为止。

电石和水作用，是制取乙炔气的一种方法。

汽水里的气体

把一大汤匙的醋和发酵粉倒在一玻璃杯的水中，再放三粒樟脑丸进去，在樟脑丸上即刻出现许多二氧化碳的小气泡，这些小气泡好像一个个浮筒，把樟脑丸浮起在水面上夺气泡破后，樟脑丸下沉，再出现气泡，樟脑丸又浮上来。这种时而浮起时而下沉的情况可以持续好几个小时，直到这种化学运作完结为止。

请注意有些泡始终不破，但是这些气泡往往出现在粗糙的樟脑丸表面上。

这些气泡好像汽水里产生的气泡。我们喝的汽水就是把配有糖和香料的水加入二氧化碳的气体制成的。这种气体实际上已溶在水里。打开汽水瓶塞，冒上来的小气泡就是二氧化碳。这些气泡使汽水产生一种碳酸气的味道。

烛焰显字

把钢笔在醋里面蘸一下，再在一张厚厚的白纸上写上几个字。要多蘸几次，使字的笔画粗重。醋很快就干了，而且不留一点痕迹。

点一支蜡烛放在水槽里，因为这样会使实验安全妥当。放好蜡烛以后，就把这张用醋写了字的纸放在烛箱上大约 2.5 厘米高的地方烘烤，注意要把纸片不停地移动，不能只烤一点，否则纸容易着火。这

样过了不久，你就会看到纸片上颜色焦黄的字迹。

你用醋在纸上写字的地方，醋与纸发生化学变化，形成了一种化合物。这种化合物比纸上没有写字的地方更易燃烧，纸在烛焰上烤的时候，写上字的地方就先被烤焦。用柠檬汁、葡萄汁或者牛奶汁写字，结果也会同醋写的一样。

自制农药

现在，不少人喜欢在自己的庭园里或者花盆里栽种花草树木，以美化我们的环境。但是，有时候树上会长虫，把我们辛辛苦苦的劳动成果毁坏了。你不妨在家里自制一点农药来防治这种病虫害。制法简单，价钱便宜，又不需要特殊仪器的农药，要算钙硫合剂了。

下面介绍钙硫合剂的做法：

在烧杯（或搪瓷杯等其他容器）中加28克生石灰（CaO），再慢慢加入75毫升水，混合均匀后即变成熟石灰。然后往烧杯中加56克研细的硫黄粉，用酒精灯加热煮沸一小时，反应过程中应不时搅拌，并补充因蒸发而损失掉的水分。因煮沸时会产生刺激性的气味，所以最好的室外制备钙硫合剂。把它贮存在玻璃瓶内，将瓶盖盖严，放在阴凉处，可以长期使用。

钙硫合剂用水冲稀10倍可以杀灭害虫，用水冲稀40倍时，可以用来杀死花草和树叶上的细菌，使用的时候以喷雾法最好。

第六章

学校展览会的组织实施

1. 学校展览布置的类别

学校展览是一种供师生参观、欣赏、交流的陈列性形式，亦称展览会。展览一般是利用绘画、摄影、雕塑、工艺等手段，并通过实物、模型、标本、图片、图表等的陈列，配合文字及必要的口头讲解、音响、灯光效果等各种形式来起到一定的宣传、教育、传播、引导作用，以达到增强师生的政治觉悟，审美能力和情趣。交流信息、推广经验、指导工作、提高办学效果的目的。

展览一般分为固定陈列与周期性临时展览，还有小型的流动性展览。根据展览的内容和性质，又可分为：宣传类，如人物专题展览，校史陈列展览，宣传教育展览等；文化艺术类，如艺术作品展览，文物陈列展览，收藏展览，园艺展览等，各类展览又包容众多的具体内容和表现形式。任何类别、任何形式的展览。陈设，都首先应确立主题，然后才能根据主题的情绪因素及掌握的素材，因地制宜地来进行展览的总体设计。展览的设计、布置及一切手段都是为了最有效地展示展品，突出主题，以利于观众把握展览宗旨，强化视觉印象，潜移默化地引导师生在接受的基础上引起关注、参与、应用、实施，并得到审美的满足。

从某种意义上说，展览设计、布置的效果除以展览内容的教育性、思想性及科技项目、数据的先进性、准确性外，更多地应取决于其艺术性。

人物专题展览

指各种首脑人物、英雄模范、历史人物、专家、名人及某一事件的专题性展览，属政治宣传类。此类展览主要目的是起到向观众介绍、宣传、教育的作用，内容需要有绝对的真实性原始资料、图片、文字说明，实物陈列也要有相当的可信性。展览的总体格调要求庄重、大方，具有足够的严肃性，主要人物、事件要突出，色调处理要稳重、协调，文字解说要简练准确，要避免版面花哨、做作。结构混乱。在设计布置中如能根据人物、事件的特定属性，创造出特定的环境气氛，将使展览更富有情感色彩，而独具特色。

宣传教育展览

这是一种行之有效的宣传、教育形式，它包括的面极广，几乎涉及社会的各个领域，具体有：历史、时事政策。知识博览、卫生、计划生育、科普。法律、刑事案件、环保、安全、质量；党务群团工作、教育以及国情、战争等等，都可以利用展览来达到知识传播、普及教育、宣传交流的目的。此类展览思想性、政策性、知识性都很强，观众覆盖面也很广，是政府机关、学校、企事业单位和社会团体进行现代思想教育、宣传的有效形式。展览的设计布置可以灵活多样，根据不同的类别、性质采取不同的形式、格调，采用不同的色调、.材料；如"法制教育展览"，要把握法律的严肃性，应以庄严、持重为好；"儿童优育展览"就应充分体现儿童的情趣，气氛要活泼、热烈，色调要明快，单纯，并可适当安排小道具、漫画穿插其中，使观众在轻松、愉悦中得到求知、求教、求美的满足。

科学技术展览

包括各种科技成果、研究项目，学术交流等内容的展览会、发布会。除了为宣传、交流、汇报外，主要具有间接或直接的经济目的，通过展览使师生了解科技方面的发展概貌、科技展览的设计，布置视规模大小、内容多少可因地制宜地进行发挥。版面可适当活泼些，一般以图片、文字为主，如有实物展示或现场示范操作效果更佳，对项目的创新开发及说明内容要有绝对的准确性和可信度。

学校艺术作品展览

指美术、书法、摄影、雕塑、工艺、民间美术、建筑设计等造型艺术展览，亦可称视觉艺术展览。艺术作品包容的范围极广：美术分国画、油画、版画、水彩、水粉、漫画、宣传画、连环画等；书法分正、草、隶、篆、印石，另有毛笔、硬笔之别；摄影亦有黑白、彩色之分，按内容又有人像、风光、静物，还有体育、建筑、花卉等专题摄影；工艺美术、民间美术方面的门类品种更广更多。艺术展览以艺术作品本体为主，是向人们提供欣赏、品味。交流的一种普遍形式，一般分为单项展和综合展，视规模可多达数百上千幅（件），少则几十幅亦可。艺术作品展览的布置对环境要求不高，但必须有足够的展带版面，起码的灯光照明，有的作品需要必要的装校和配备适当的展橱、展柜、展架。

作品的陈列要保证一定的间距，以免造成视觉的偏移，混乱现象，一般作品陈列的间隔距离在一米左右；工艺品陈列、展柜摆设也同样要注意空间的处理，对展品的幅面大小、色彩变化。结构造型等要有总体的视觉把握，讲究整体节奏、和谐，使艺术作品置溶于艺术的环境中，让人们得到美的享受和陶冶。

学校收藏展览

主要是展示各类收藏品的一种文化活动，展示的收藏品一般由收藏者个人或集体提供，也有国家直接管辖的大型文物收藏博物馆。收藏展品具有一定的艺术价值和历史价值，它包括的内容也很广，如邮票、火花、货币、烟盒、糖果纸、商标、票证、钟表、陶瓷器、照片、徽章、动植物标本以及书籍、报刊、信件、贺卡、藏书票等等。通过对收藏品分门别类或综合等不同形式的陈列、展示，供人们欣赏、玩味。借鉴，对启迪人们的智慧、增进知识、提高审美情趣、激发创造热情，具有积极的意义。一般收藏展品都较为精美、小巧、繁多，在布置陈列中要注意整体效果。单项展要避免单调，综合展又切忌杂乱，可将小展品组合装框，分组陈列，使之统一。在色调处理上，亦可以重色稳住整体，使展品显于其中，如属重色展品，则用浅色作底，展品色彩陈旧，底色要明快；展品色彩鲜艳，衬底一定要灰。利用这一原则，小小藏品都能各显其辉，达到理想的展示效果。

学校园艺展览

一般包括花卉、盆景、根雕、园林设计等有关园林艺术的作品。园林艺术在中国有着悠久的历史。展厅内的园林艺术是通过人们精心培育、裁剪、移植、雕凿等各具匠心的艺术加工所创造，所以又可称其为工艺美术品。从审美观赏角度论，花卉主要有各种类型的花形、花色、叶面；盆景有山水盆景、树桩盆景，以造型为主，师法自然；根雕主要是利用树根的天然形态，进行写实或写意等不同手法的艺术加工，处理，赋予枯树断枝以新的艺术生命；园林设计属环境艺术，主要以设计稿、图片、模型、文字为主来独立展示。园艺作品展览也分单项和综合展，展览场地不限，布置要讲究与环境的和谐统一，一般以典雅、轻松为佳，如适当地安排一些书画作品同时展示，可以相映成趣，相得益彰。

2. 学校展览布置的组织协调

展览是一项综合性的工作，牵涉的方面极多，除了决策者的直接关注、美术设计制作人员的精心工作外师生参与的在展览工作中也是不可忽视的重要环节。总务工作如同戏剧、电影中的剧务工作，主要是配合美术设计人员协调各方面环节，完成对展览筹备、开展的实施工作。总务工作包括以下几个方面：

（1）参与组织筹展人员的选用，核定落实以及正常的人员考勤；

（2）参与展览经费的预算、结算、审核等；

（3）所有筹展材料、工具器材的配备、采购、付用；

（4）掌握。协调展览筹备各个工作环节的进度、调度。特别在一些大型展览的全面施工阶段，各部门的美工、木工、漆工、电工。装裱、制作人员均处在施工高潮，稍有调度、材料供应不当，都会连锁反应影响整个筹展进度和展出计划，这就更需要总务后勤部门协同有关行政领导、美术设计人员加强全局观念，统一协调，紧密配合，调动各环节积极因素，使筹展顺利进行。在整个展览筹备中，总务部门与美术设计人员联系最为频繁，在工作中要互相理解，支持，服从大局。在人员少、时间紧的情况下，总务后勤人员可以参加一些技术性不强或容易掌握的工作，如涂色、刻字、装框，制作小道具以及卫生、保卫等方面的工作。

3. 学校展览布置的总体布局

学校展览布置的总体设计

学校展览布置的总体设计主要指展览的总体美术设计，其任务是对展览场地的勘察，平面图的制定，划分展区地段，拟定参观路线，控制图版与展品的协调，处理展区与环境的装饰和气氛以及整个展览的经费预算，筹备时间、进程和与各方面工作的协调，总体设计对于展览的成败优劣起着重要的作用。设计人员对于展览要整体的把握、构想和设计，展览中的每一块图版、每一件展品，乃至一个标牌、一盆花木、一种色块，都是整体中的一部分，都与总体设计有着联系。总体设计在展览里好比"导演"、"指挥"，它负有全面的组织、实施、协调任务。总体设计一般由经验丰富的展览设计人员担任，有的大型展览可以组成总体设计班子，分工分项进行管理，总体设计人员应该参加整个展览的决策、设计、施工制作过程，掌握第一手资料、每一个环节，调动各方积极因素，在有限的时间和空间内，充分发挥、运用设计艺术和展示技术，使展览的主题内容和展示形式达到高度的统一、完美。

学校展览布置的布局走向

任何内容和形式的展览，首先都要具备一定的场地，理想的专门场地，能根据展览大纲的内容和要求进行分划区域，安排布局结构，顺利地进行设计、布展；条件较差的展览场所，就需要根据实际情况因地制宜，巧妙安排，合理布局，精心设计、布展，一般可采取保证重点，服从整体的原则，在场地紧张时，适当进行合并、紧缩及充分利用壁面、过道等空间，如场所太大，可集中、分片陈列，并可适当增加一些辅助展品，宣传资料等，总之不能因场地的限制划分过碎，破坏展览的整体结构。同时，对参观走向的拟定，也是布局中一个很重要的方面，一般讲来主要是安排人流的组织和定向，使观众按照正常的"行为流程"来系统地参观展览，不能依靠路标、栏杆、隔板或讲解员的指点，这些只能作为辅助性引导，应该让展品、图版形成的展带本身来定向引导人流，使观众在展览的内容、气氛中，能自觉地循序遍览。如遇展室分散，场地过大，人口雷同，楼梯转道等情况，就必须设置明确的标志加以分序引导，并尽可能地方便观众不至迷失方向或无所适从，合理地利用屏风、饰画、雕塑小品、花木及路标等标志是解决参观走向问题的有效办法，同时，这些行为流程的过渡处理还能起到调节观众情绪的作用，使展览增强节奏感。

4. 展览布置的大纲和版面设计

学校展览布置大纲

学校展览布置大纲是美术设计人员进行展览设计、施工筹备的根据和原则，展览大纲的编定，是根据筹办展览的目的要求，经决策者认定后视资料、图片、展品的情况由编审人员进行的。美术设计人员一般应参与这一工作，编审工作的好坏将直接影响设计工作及筹展的成败。展览大纲一般包括展览的主题、目标和宗旨，筹展的进程计划，图版的具体内容和展带、展品的数量、项目，在布展中的重点部分和一般介绍，精简的文字说明，以及对展览的经费预算和具体的设计、施工要求等。小型展览、单项作品展览一般不要求展览大纲，但作为设计、布展人员亦需掌握展览的基本规律。

学校展览布置的版面设计

学校展览布置的版面设计是展览设计的具体体现和主要形式。版面设计一般首先要设计出一定比例的图纸或色彩小样稿，并标明各种内容、尺寸、色彩以及材质以此为放大施工的依据，必要时亦可作审稿用。展览版面的形式种类是很多的，使用的材料、制作的方法也是极丰富的，版面的主要构成是由图片（照片、绘画等）、图表、标题、标志、文字、图案等要素组成。成功的版面设计，就是充分发挥各种要素的作用，使其相互均衡、协调、呼应、衬托，并注意适当的空白和视觉的导向，切记不要把版面排得太满，影响传播效果。在展览版面设计过程中，要注意如下情况：

（1）要把握观众的视觉流向，创造强烈的形象刺激，引起观众的参与欲和行为欲；

（2）要掌握基本的心理诱导，正常的视线一般从上到下，从左至右，排版中突出的内容就以安排在左上方为佳，造成心理反差的版面形式往往使观众产生不舒适感而减弱展示效果；

（3）要控制版面的整体节奏，版面上众多的图片、文字、都有着色彩、形状、大小以及材质的变化，要使这些变化统一在整体中，必须要有总体的构思设计，要运用对比、平衡、组合等手段使之编排有条理，内容有主次，大小有呼应，色彩有调子，使版面设计达到信息简明、传达迅速、特征突出、视觉舒服、印象强烈的好效果。

5. 学校展览布置的制作原则

展览的总体设计方案被确定，便进入全面的施工、制作阶段。展

览制作包容的范围很广，大到门厅设置、装饰、展带版面、沙盘模型、灯箱照明、雕塑绘画、展台展柜、图案、图片的制作，以及美术字的书写刻锯，文字说明的照排或书写，图片的剪裁，装核，展品的摆设等等。制作人员有木工、漆工、电工，甚至泥瓦工及更多的美工和外务协作人员。

展览制作的材料除了装置必要的展地结构外，主要具有装饰功能，用于美化展览面貌。展览用材料的种类很多很广，如各种木材、胶合板、塑料板、有机玻璃、铝合金板（条）、玻璃、各色装饰板、泡沫板；各种纸张、即时贴、涂料、颜料、油漆；各种粘合剂、乳胶、百得胶、单面、双面胶纸、胶带。以及各种质地的布料、呢料等。展览用材料的选择，应考虑到各方面的因素，掌握一定的原则：

时间性

展览陈列是永久性的还是周期性的，前者选料要经久耐用，不变形，不变色，抗污染，易清扫；后者相应可要求低些。另外，筹备时间长可讲究一点能精加工的，反之则选用加工制作简便的材料。

整体性

任何制作材料的选用都应服从展览设计的整体要求，整体风格和格调，特别是版面装饰材料，每一种色彩、肌理和质感都要考虑与展览的整体效果协调、与展览环境的和谐统一。

经济性

展览制作材料的选用，亦要根据展览经费的多少而定，一般根据展览设计要求应有相应的经费预算，留有必要的余地，不要一味追求高档材料，高级装饰材料只有在重点部位与其他一般材料的对比中才显示其价值，往往一个展览的成功都不在华丽的表面材料上，而主要取决于它的内容和艺术性。合理地选用各种制作材料，合理地掌握加工时效，才能使所选材料最终有助于展览制作的完美，有助于展示功能的完善。

6. 学校展览会的环境布置

学校环境与门厅装饰

展览的环境设置是展览设计的一个重要组成部分，各种性质的展览会都要有一定场景、物件、色彩、灯光、音响来烘托展览的环境气氛。展览的展标、门厅、序馆、宣传牌，都属于环境设置，一般可搞得热烈一些，色彩强烈一些，彩旗、气球、花木都有助于加强环境的气氛。

门厅、序馆屏风的设置要尽量整一点，不能过于琐碎，也不能不顾场地过于庞大，造成压抑感。

门厅、屏风的制作材料要讲究，加工要精美，有条件可以用丝绒、绸缎一类的面料，并视环境可增置一些花木、彩旗及雕塑小品，让观众一开始便产生一种美感的情绪导向。

学校展厅布局类型

一个展览，一般都要分成几个展厅或部分，要按观众正常的"行为流程"进行整体布局，根据不同条件，可分为以下几种不同类型的布局：

（1）串连式布局。

适用于各展室互相串联，观众走向连贯、连续性强的展览。缺点是方向单一，观众多时容易堵塞。

（2）放射式布局。

各展室环绕一个中心放射排列。观众参观时路线灵活，可不分先后顺序，适合于单项的艺术作品或收藏类展览。缺点主要是容易交叉，常常要重复参观路线。

（3）大厅式布局。展厅开阔、气氛热烈，不足的是缺少相对的封闭，如布置不当有杂乱烦躁之感。

（4）走道式布局。

一般展室较窄，划分过密，只适合于一些小型的分部展览，展品陈列不易太散，要有统一基调、标志，让观众有明确的走向。

7. 学校展览会的图表制作

图表是表现展览内容的形式之一，它以统计学为基础，通过艺术加工，形象化地说明某一事物的发展、变化，又可称为"形象统计图表"。统计图表的种类和表现形式十分丰富，但描绘制作一幅统计图表，必须对原始资料进行熟悉和整理，了解其主要内容，以及可比的因素，然后根据展览设计的总体要求和格调，决定图表的表现形式，找出统计项目之间的比度关系，并以数量多少、面积大小、比值高低的比度加上数字和图例的说明。统计图表的表现形式，一般分条形图、曲线图、平面图、立体图四类。

条形图

亦称柱形图，最常用的形式，其又可分单式条形图与复式条形图两种。单式以高低长短表现即可，复式可采取不同色彩、不同明暗、不同宽度等多种形式来表现。

曲线图

根据比度数标的不同长度，用明显的色线将各个指标点连接起来，成为高低不同的折线或曲线来表现统计的结果。曲线图亦有单式与复式之分。

平面图

以不同形状、大小、色彩的面积来表示统计数量的比度。如在圆形或半圆形内，根据圆周分割出不同角度的圆形图；亦可采用点形、方形及各种肌理效果来表现统计数量结果。

立体图

立体效果有两种表现，一般以形象的几何形体立体化造成视觉效果。

还有直接用材料或实物来做成浮雕式、立体式统计图表，更具有形象化，但要注意与展览整体的协调统一。

将统计图表与艺术形象结合起来，使指标形象化，也是一种喜闻乐见的统计图表表现形式。在处理这种图表时，艺术形象是从属于统计数据的，图表形象的构思，要从图表的内容和形式特点出发，巧妙组合，合理应用，可以使图表表达的内容和统计显得更真实直接。

8. 学校展览会的地图制作

地图示意也是展览中经常运用的一种图版形式，它不像一般的地理挂图那么精确、复杂，而是通过概括使表现单纯化，只简要明了地说明某一问题，故一般称为地图示意。展览的地图图版表现有公布图、发展图、方位图、路线图几个种类。

分布图

从地理位置上表示某一事物（如人口、民族、产品等）的分布情况，并利用图形说明事物内容。分布图也包括一部分统计性质的地图，可以表现地区之间某一事物的数量比度，以不同的方位统一在地图上使之有比较、有联系。

发展图

在地图上通过不同数量、色彩和形象的对比，表示先与后、快与慢、新与旧的事物变化。有的发展图也同样带有分布示意，亦可包括一部分数字表示。

方位图

主要表现某一地区的周围关系或某一事件发生的地理位置，亦有

地区与地区、事物与事物之间的相互政系。方位图一般要求比较准确，比例关系、远近距离都要有相当的可信度。

路线图

展览中使用较多的一种地图示意，主要表示行动方向，引导观众有形象的按先后顺序进行某一活动或了解某一活动，如展览会的参观路线引导图及红军长征路线图等等。

除了各种地图示意的类型外，还有不同的地图示意形式和方法，主要有：区划面积，利用不同的色彩、材料和线纹，将地图的各部分区别开来，使之清楚明了，然后再在上面表现示意内容。为了地图形状的整齐、新颖、突出，也可采取几何形变化的折线手法或者采用投影的手法来进行处理。

象形图例，以符号式的特定形象，分别代表各种事物，按照事物分布和发展的展示要求，将其安置在地图中，使观众从形象中即可了解图版示意的内容。鸟瞰透视，采取俯视的角度画出地图，并根据地理环境进行立体的描绘制作，使观众居高临下一览全图的深度和透视效果，来达到地图形象化的展示目的。引线指标，一般用于路线图，不直接在地图上标明内容，而是以引线的方式将要突出说明的内容安排在地图外，并按顺序排列加以文字说明，使观众在参观时除了有较形象的印象，对内容说明也有较明了的了解。

9. 学校展览会的展架标牌制作

学校展架、展柜制作

各种各样的展览都需要布置陈列各种不同的展品，适应不同展品陈列的展架、展柜、展橱、展台也就相应地极其众多复杂，除了一些特殊的展品需要配置特殊的展架外，一般的陈列柜橱都有一定的规格，常常可以通用。展柜、展架的设计、制作都是为展示陈列服务的，所以，设计要大方、美观、整体，制作要坚实、精致，既要保证展示的审美需要，又要考虑展品放置的牢固、安全。展架、展柜等的制作材料一般以木料、玻璃为主，如陈列小件展品或负重不多的展品，亦可以用泡沫塑料、有机玻璃等材料来制作，可以省工省料，轻便美观，制作简便。

展品标签、标牌制作

包括各种实物展品说明、图例及展区功能划分、服务设置用的指示标牌等，如图片的名称、作品制作者等等。标签的尺寸不宜过大，能使观众看到即可，一般在 5～20 厘米左右，标牌可以根据放置位置来设计样式、尺寸，一般也只在 40 厘米左右宽度，制作的材料有木材（胶合板）、有机玻璃、塑料板以及各种新型的板材、装饰材料等。标签、标牌主要是为说明、指示所用，一般不必过于复杂、花哨，在样式、字体、色彩等形式上要与展览整体保持一致，制作要讲究精美，不粗糙；放置稳固、方便；有时也可增加一些外文或拼音字体辅之，使其更显丰富、活泼，在展览中起到画龙点睛的作用。

10. 学校展览会的沙盘模型制作

根据展览要求，确定模型的表现内容和大小比例，并以实地地形图为依据，放大到图版上，要求精确无误，一般示意模型也要有比较准确的比例关系。模型的表现形式要与整个展览协调统一，造型、色彩、材料。灯光控制都要有整体的构想设计，一般静止的灯光表现室内照明，闪动或流动的灯光则表现重点部分或表现河流、渠道及流程形态。具体制作步骤为：

（1）把放大的地形图，复制在两张胶合板（或有机玻璃板）上，根据设计部位分别锯开或挖空，再按地形、地物的不同形状、高低配以相应的平面材料，一般所用材料要统一，便于粘合制作。使其成为一个完整的平面骨架。

（2）在平面的骨架上，按其地形、地物的位置来塑造表面的起伏形状，一般采用石膏塑形；用榆树皮粉浸泡一昼夜调成糊状，与石膏粉或太白粉加胶制成可塑材料，再用它来塑造山峰、石块、渠堤等。同时，根据需要将表面建筑等小道具和灯光安装上去，并进行整体的粘合、调整处理。另外，也可采用纸壳塑形，方法是先用粘泥直接在骨架上塑形，有的还可进行石膏翻模，再在石膏模上进行塑形处理，如直接在粘泥上进行塑形处理，可用浆糊贴上毛边纸（分次分片贴，否则容易干缩不匀而变形），待纸壳干透后与粘泥揭开分离，刷上油漆，以防潮保护，然后视塑形状加以支撑在固定部位即成模型表面。

（3）根据不同的模型内容，整体的表面处理也是不一样的，如以山峰梯田为主的就需要进行喷漆处理，喷漆颜色视设计要求而定，局部地区常要采用遮盖的方法挡住。如以城市面貌为主，一般以有机玻璃材料制作，局部的山峰、河流作些塑形处理，不再作油漆、喷洒一类的处理。

（4）绿化在模型中有一定的位置，绿化的种类、色调比较多，在制作时要注意变化、统一。大片的草坪、山坡可用经过染色处理过的木屑、有机玻璃锯末等均匀地粘撒来表现；树干、树枝可先用几股细铜丝拧缠成形，再用毛边纸剪成树叶形，用绿化色料胶贴在树枝上，并可用白色或粉红色的粒状材料粘到树冠上表示树花，都有一定的效果。用泡沫海绵随意撕成树形，并用一般的水彩色染成丰富的绿色来表现整片的小树、花坛、公园等，也是很简单、方便的模型绿化制作的方法之一。

（5）模型中的房屋、建筑制作方法是很多的。材料也很丰富，一般木材、胶合板、厚纸板、有机玻璃、塑料板，以及各种吹塑纸、泡沫板、建材板料等等都可以用来进行建筑模型制作，可以用实心刻制，片状重叠，空心粘合，门窗、石砖、墙瓦等可以用各种手法来表现，配合不同质地。不同色彩材料的运用，精刻细作，能产生出形态各异的微型建筑群。粘胶剂种类很多，要根据不同材质选用，木料可以白

乳胶为主；有机玻璃可用氯仿或丙酮粘合；纸质材料一般水胶。乳胶都能用，其他材料也都有相应的粘合剂。

（6）模型制作除了主要的各种材料、技法外，还可根据模型实际需要发挥应用，如一些建筑物的围墙、灯饰、旗杆可以用大小不同的大头针来代替，有的小面积的色块变化，不易刻作之处，可直接选裁有色即时贴补充，一般有灯光设置的指示点，则可在市场上选购各色透明有机钮扣来用，既方便，而且工艺精细，非手工制作能及。

（7）模型底盘的制作最重要的是要与展览整体格调的统一，外形要大方，色调要美观，并要具有一定的稳定性、分量感。在安装下部电器设备时要注意观众视觉的角度，保证整体的美观。

11. 学校展览会的会场赛场布置

场所布置

场所布置与展览陈列设计的宗旨都是为了造就一个特定的氛围，因此都同属于环境艺术。然而，它们又各具自身的设计规律与范畴。场所布置是一种直接为人类各项活动创脸环境的艺术，因此，在空间处理上对"人体功效学"的掌握和理解尤为重要。场所布置取决于活动的内容、性质和形式。由于会议、活动门类繁多，加之各主办场地又千差万别，故而在制定场所布置的构想时，切忌不顾场所面积、空间情况和环境条件一概而论，而要坚持因地制宜的设计原则，充分利用现有的环境因素，那样，会达到事半功倍的效果。

晚会会场布置

由学校举办的文艺晚会，一般为了庆祝节日，纪念某重大纪念日和外地或外单位加强友好关系而举办的文艺联欢会，还有的是为了进行竞赛而举办的歌咏比赛会等，因此，一般会场布置突出喜庆的气氛，由会标、标志（或称会徽）、布景、灯光和特定的宣传标语组成。文

艺晚会的会标根据不同环境条件，一般挂在舞台台口的上端，有的情况下，也可与会徽一起组合在后幕上，有的还可以安排在布景道具的造型上，会徽的设计，要求准确、巧妙地表现主题内容，在艺术形式上简洁、明确、美观，以达到引人注目和给人深刻印象的效果。当然，设计时还要考虑会徽造型、色彩与文艺节目中人物服饰色彩与人物造型的协调。总之，设计原则一是从属性，二是艺术性。

布景道具的设计，在喜庆性、纪念性的文艺晚会的处理上，较为丰富，不过还是要以少胜多，一般以抽象造型为主，根据不同的节目内容要求设计出不同的艺术空间，布置一般用白色幕布，采取灯光打射产生景色、图案或纯色块效果，舞台中景道具一般以组合式多变道具为佳。道具制作的材料大部分是采用木条、三合板，也有用塑胶泡沫板的，外饰纸张刷色或布、人造革和专门装饰贴面。现代舞台设计，更讲究整体建筑式布景，以灯光的程序变化产生跳跃动感，有时配以焰烟效果，多棱镜面和悬挂金银丝条中幕，使舞台造型层次丰富、气氛浓郁、虚幻、有天上人间合一之氛围。

当然，这就牵涉到灯光问题。舞台灯光布置也要根据条件，条件好的，可采用程序编排灯光，可控彩色顶光、侧光、追光等。灯光条件的不同，对于演出服装色彩的设计也有不同的要求，往往白色在色光条件较好的情况下使用较多，因为白色随灯光变幻时色较纯而艳，舞台效果好。而灯光条件差的，则要注意利用服色的自身作用，至于有些小型联欢会，则以舞台和观众席融为一体为佳，这样气氛融洽、更能起到合欢同乐，增进友谊的作用。会场布置简单的可用经纬纸条、气球、金银铝箔饰品悬挂顶面即可，讲究一点的可配以旋转灯柱、灯球和程序灯串。至于大型联欢会，与喜庆性、纪念性的文艺晚会相似。当然，有些单位也有举办室外篝火联欢会的，总之，设计者要根据不同的情况和现有条件，设计出效果、设计出特色来为佳。

赛厅布置

舞厅布置要根据舞蹈的类别而定，不过无论哪种舞厅的布置，均很讲究灯光效果和音响效果。又将舞厅划分为舞池和休息区两个部分，一般的休息区，在舞厅的四周，舞池在中央，当然也有园林式舞厅采取两端分场式。条件差点的休息区用折叠椅或长条椅围边即可，条件好的可配以沙发，室外舞场，可用彩色灯串围圈，可设置几堆篝火气氛更浓，这种舞会适用于节日游园狂欢，给人以返璞归真之感，别有一番情趣。

演讲会会场布置

演讲会场布置根据规模而定，会标的内容要明确，演讲一般不用讲台，配以立式话筒，使演与讲合一，相与声相融，达到演讲目的。场边要设置评委席，布景处理单纯，用色与讲演者的服色要有对比，以突出演讲者为宜。

知识竞赛会场布置

这类场地的席位放置一般为"八"字型，小口中间设主持人和评委席，大口面向观众席，根据不同的竞赛内容设置些不同气氛的装饰，背景为会微会标的组合构成，可适当布置些灯光，每个桌上设有席标、标明参赛单位名称，另设有数字显示器和抢答器，主持人席还设有抢答显示器，一边还准备放置图形答题的支架、电视、话筒等。

运动会会场布置

运动场也可称为竞技场，是提供各类体育比赛的场所。运动会总体分为两种，一种是进行田径、球类、射击等体育项目比赛，另一种是进行"米老鼠运粮接力赛"、"三人同步木拖速度赛"、"钓旱鱼"，"吹乒乓球过四碟"等等别开生面的趣味运动会。

体育运动会或单项体育比赛，均要悬挂某校或某某地区第几届运动会或某类项目比赛的横标，升国旗和会旗，较大型的运动会要举行

开幕式。领奖台为三个高度的方体道具，最高的尺度以一步能跨上去为宜，二、三名的领奖台高度以次递减。根据不同高度，写上"1"、"2"、"3"的字样。

运动会成绩公布的大牌一般放置在主席台一边的高处尽可能让所有观众看到。

12. 学校展览布置的色彩处理

展览属视觉感应，色彩是展览会很重要的构成因素，任何图片、文字、展品都离不开色彩的表现，色彩直接影响展览陈列的效果和成败。视觉对色彩是很敏感的，同样的材料、形状，由于颜色不同，可以产生不同的情感效果，给人以不同的心理感受。很理想的材质，图形也可因色彩运用不当而给人相反的效果。

展览的色彩处理可分为几个方面：

基调处理

展品本身五颜六色，在对展览陈列的背景、环境、道具、图案、文字、照片的装饰处理上，可利用色彩统一的基调来控制整体。基调的运用和处理，主要依据展品陈列的内容来决定，如儿童内容展览，可选用绿色或浅嫩一些的基调；食品展览可选用桔黄、橙色为基调等等，另外，各种色彩都有其特定的象征意义、民族特色，在处理中可个结合展览内容，展品颜色有意识地加以强化或削减，充分发挥各种手段即兴灵活运用。

色彩变化

色彩是光合作用的结果、色彩的变化是非常奇妙而复杂的自然现象。掌握一定的色彩变化规律，能有效地为展示宣传服务。光照是影响色彩变化的主要因素，展品受自然光照射，阳光强时物体色泽鲜明、响亮、阴雨天即变得灰暗、低沉。所以展览用光一般利用人造光源，

能保持展览环境、色调的稳定，如配备彩色光源照明，则可使展品色调产生神奇的变化，达到透明、虚幻的视觉效果。色彩的强弱变化规律，在展览中也可掌握应用，同样距离的红、黄。蓝色等不同展品，红色最突出，黄色次之，蓝色最弱，而同样颜色的三件展品，分别置于不同距离的位置，给观者的色彩感觉不相同，基本上是近者强，远者弱，这都是由于色彩的强度不同所致，在展览陈列中掌握这一规律，对色彩处理有很大的参考价值。

色彩的对比运用

红与绿、黄与紫在色谱上称为对比色，黑与白又称二极色，这种色彩、色相、色度上的对比在展览中运用得当会产生强烈的视觉效果，明亮的展品放在深灰的底上，展品更加明亮，如配上雪白的背景，就强烈不起来。展览陈列中经常采用"冷托暖、暖衬冷"、"明托暗、暗衬明"的方法，目的都是为了最有效地展示展品，一般效果都比较好，也较容易掌握。

13. 学校展览布置的灯光设计

不同的展览类别和展示目的对灯光照明的要求也是不一样的。一般的图片展示只需要常规性照明，以能看清图片、文字为限。

现代展览注意现代照明技术的运用，追求展示的舞台效果，讲究气氛的制造、渲染，如艺术作品展，除要求、有相当宁静的展厅环境，对展示的作品采用聚光射灯照明，使在整体背景的灰暗中突出展品，让观者置身于艺术境地。

灯光片、灯箱也是使用较广的一种展示形式；重点内容、主要产品往往在较突出的位置，以广告效果的灯箱形式显示，对增加展览的层次、节奏、变化、多彩有一定作用。现代光电显示技术已不断在改变人们的视觉感应，同时也增强了观众对适应展览灯光设施所造成的特殊气氛和魅力的接受力。

14. 学校展览布置的宣传讲解

学校展览布置的宣传

各种规模和类型的展览，都离不开一定的宣传媒介来吸引观众。宣传的形式很多，如海报、招贴、请柬、说明书、纪念品等等。展览资料、评论以及电视、广播、报纸的发布，也都是展览宣传的重要媒介，都能起到很好的广告传播作用。展览宣传应该说属于广告范畴，对展览宣传也应具有醒目大方、简单明了、新颖独特的基本要求，特别在对展览宣传品的设计制作上（如海报、会徽、宣传画、参观券、纪念章等），要讲究与展览性质、内容的一致性。主题形象、文字一目了然，起到展览与观众之间的信息传递作用，建立纽带关系，以宣传形式的感染力最大限度地诱使师生前往参观展览，来达到展览的功能要求和产生轰动效应、社会影响。展览宣传一般采用系列设计效果，全方位的系列宣传可以强化展览形象和印象，通过突出系列性印记，来实现对观众视觉传播的立体化、个性化，也才有可能真正赢得观众而达到展览宣传的目的。

学校展览布置的讲解

展览除了以图片、文字、模型、实物等版面形象给观众以直观的可视传播外，必要的引导讲解也是展览的重要补充环节，特别在宣传教育类和大型的综合性展览会上，讲解工作往往以独有的情感色彩起到画龙点睛的宣传作用。讲解内容一般根据展览性质、内容及版面的设计流程来进行编写，明确哪些内容必须以形象来表现。哪些内容则可由讲解员来补充介绍，以及讲解员的执鞭位置，讲解的顺序、移步的节奏、声调的控制、与版面结构、展品组合如何相互呼应等等。讲解员一般由青年男女担任，并具有体态优雅、端庄大方、口齿清晰、发音准确、具有表情等良好的素质。讲解工作不只是被动的、简单的解说，而是一种带有创造性的艺术角色，通过对观众直接的口头表达，起到传播、交流、感情共鸣的作用，从而增强了展览的展示功能。讲解工作人员在筹展期间还可以参加一些辅助性制作、服务工作，对于调节情绪、培养协调工作能力等都是有益的。

学校展览布置与美术字

任何展览都离不开文字的媒介，作为展示陈列的展览文字都需要一定的美化装饰，这就决定了美术字在展览中的作用与地位。美术字的字体、形式非常丰富，规范的字体有宋体、黑体、仿宋体、宋黑体等；还有灵活多变的、因类赋形的变体美术字、繁体美术字、书法美术字等等。展览中的各类条幅、标题、各种图例、图表、图片说明、文字介绍，宣传品的设计印刷等用的美术字，除了字体的变化外，其大小、色彩、材质、厚薄的不同制作、表现，使美术字在展览中更显得举足轻重，占有重要的位置。美术字是展览整体视觉的一部分，既要书写美观统一，制作精美准确，又不能喧宾夺主，破坏整体效果。美术设计人员除了要有一定的书写美术字能力，更需要有把握整体视觉的能力。展览中的美术字要注重视觉的重心平衡，以直观感觉的审美经验为准，讲究均衡、呼应，穿插有致，动静相宜，协调统一的视觉效果。